Christiane Stumpf

# Vom Sie zum Du – Hintergründe und Konsequenzen

Christiane Stumpf

# Vom Sie zum Du

Hintergründe und Konsequenzen

Dank an Herbert, durch den manches erst möglich wird.

Bibliografische Information der Deutschen Nationalbibliothek:
Die Deutsche Nationalbibliothek verzeichnet diese Publikation
in der Deutschen Nationalbibliografie; detaillierte bibliografische Daten sind im Internet über http://dnb.dnb.de abrufbar.



Herstellung und Verlag:
BoD – Books on Demand, Norderstedt

ISBN: 978-3-7412-9562-1

# Einleitung

Zwischen 2008 und 2014 drehte die ARD eine erfolgreiche unterhaltsame Krimiserie mit dem Titel „Mord mit Aussicht". Es geht hier um den Zusammenprall zweier Kulturen, der mit genauen und liebevollen Beobachtungen der z.T. recht kuriosen Charaktere und ihres Umfelds erheitert.

Für Sophie Haas, eine junge, erfolgreiche Polizistin aus Köln, steht die Beförderung an. Da ihr Chef jedoch ihre unkonventionellen Methoden und ihre eher respektlose Haltung nicht akzeptieren kann, wird sie sozusagen „strafbefördert". So landet sie als neue Dienststellenleiterin in dem kleinen fiktiven Dorf Hengasch in der Eifel, wo sie die neue Vorgesetzte zweier Kollegen wird. Dietmar Schäffer, ein träger Mittvierziger, und die junge intelligente Bärbel Schmied sind Hengascher Gewächse durch und durch und noch nie aus dem Dorf herausgekommen.

Was man nun als Einstand erwarten würde, wäre folgendes: Frau Haas betritt die Wache, begrüßt die neuen Kollegen, sagt: „Ich bin die Sophie, wir sind doch per „Du", oder?" Natürlich wären sie das, denn Herr Schäffer und Bärbel Schmied sind mit jedem im Dorf per „Du".

So weit, so langweilig, könnte man denken.

Doch weit gefehlt. Frau Haas ist zunächst so erbost über die Zumutung dieser Versetzung, daß sie beim Sie bleibt, was ein kleiner Ausdruck ihrer gefühlten Ablehnung des Dorfes, der Bewohner, der ganzen Situation ist.

Das Erstaunliche an dieser Geschichte ist Folgendes: Sophie Haas, obwohl sie bis zum Schluß nach außen ihre Abneigung gegen Hengasch zur Schau stellt, empfindet in Wirklichkeit nach und nach auch Sympathien für die Menschen im Dorf. Ihre Kollegen bringen ihr Zuneigung entgegen, und sie muß ihre veränderten Gefühle mühsam überspielen, was ihr zwar gut und auf teils witzige, teils sarkastische Weise gelingt, doch man erlebt aufs amüsanteste mit, wie sie hier in Hengasch offenbar fast so etwas wie eine Familie findet.

Dennoch - an dem Sie wird nicht gerüttelt. Nur in zwei brenzligen Situationen entkommt ihr ein Du. Anschließend kehrt sie in strengem Ton zum Sie zurück.

Wenn man heutige ganz alltäglich gewordene Gepflogenheiten bedenkt, ist es erstaunlich, daß Sophie Haas so konsequent beim Sie bleibt. Abneigung, berufliche Hierarchie, Fremdheits- und Distanzgefühle, all das ist heute kein Grund mehr, das Du zu vermeiden.

Auf den in Hengaschs Wache gelebten Anachronismus werde ich noch näher zu sprechen kommen.

Nun hat man von einer Fernsehserie nicht mehr

zu erwarten als mehr oder weniger gut gelungene Unterhaltung sowie vielleicht einen Spiegel unserer Gesellschaft. Dazu paßt garnicht, daß hier das Sie beibehalten wird mit ungewohnter Selbstverständlichkeit. Es führt nicht zu Ärger, zu Ablehnung; kein Protest, noch nicht einmal bohrende Fragen oder verständnisloses Kopfschütteln treffen die Polizistin. Alles ist ganz normal, und es stellt sich fast ein Gefühl ein „wie in guten alten Zeiten", als das Siezen noch normal war.

Und schnell wird klar, wie langweilig diese Geschichte wäre, wenn man sich auf der Polizeiwache in Hengasch geduzt hätte.

# Sind wir tolerant?

Das Umsichgreifen des Du, die Erosion des Sie zeigt, wieviele Vorteile der größte Teil unserer Gesellschaft inzwischen in dieser Anrede sieht.

Für die meisten ist das Du nicht nur selbstverständlich, wird also auch nicht hinterfragt, es scheint darüber hinaus die Menschen zu entspannen, es nimmt ihnen offenbar so etwas wie eine Mühe ab. Die Mühe, die passende Anrede zu erfühlen, zu erspüren, zu finden und anzuwenden, entfällt. Auf die möglichen Gründe werde ich noch genauer eingehen.

Was die meisten „Du"- Sager jedoch nicht wissen oder für möglich halten: Es gibt auch Zeitgenossen, die in dem um sich greifenden Duzen keinen Vorteil für sich sehen. Die, wenn es nach ihnen ginge, am liebsten beim Sie bleiben würden und sich oft ungern und unter einer Art Gruppenzwang und Druck und gegen ihren eigentlichen inneren Antrieb anpassen. Dieses Phänomen beobachte ich seit Jahrzehnten.

Wenn man beim Sie bleibt, erregt man Aufmerksamkeit, und dabei habe ich auch erlebt, daß Personen spontan äußerten, sie würden auch lieber öfter „Sie" sagen, fürchteten aber das Ausgesetztsein. Anders ausgedrückt: Sie trauen sich nicht.

Vor 30 Jahren konnte man noch die Kindergartenmütter und -väter, die Eltern der Schulkameraden selbstverständlich per „Sie" ansprechen. Heute ist das nicht mehr möglich, ohne gravierende Konsequenzen in Kauf zu nehmen.

Im Beruf gibt es kaum noch „Du-freie" Areale. Es begann unter den Lehrern, beim Pflegepersonal, griff über auf Büros und so gut wie alle Arbeitsbereiche. Die Chefs konnten sich dem Trend noch entziehen, wenn sie wollten, doch auch hier bröckelt das Sie unaufhörlich. Ebenso an den Universitäten.

Für junge Menschen gibt es die Unterscheidung zwischen Du und Sie nicht mehr, sie sehen das Sie als alten Zopf und völlig überflüssig an. Kinder erleben z.T. kaum noch, daß es außer dem Du überhaupt noch eine andere Anrede gibt.

Im Volkshochschulkurs, auf Fortbildungen, im Sportverein, auf Seminaren und Workshops jeder Art, - diese Liste ließe sich beliebig fortsetzen - wird im äußersten Fall kurz gefragt: „Wir sind doch alle per „Du", oder?" Meistens wird das inzwischen vorausgesetzt, so daß sogar die Frage entfällt. Unter Reitern, in der Reha, auf dem Kreuzfahrtschiff, in der Kur könnte man ein Experiment starten und einfach „Sie" sagen. Das Erstaunen wird groß sein. Doch es bleibt leider nicht beim Erstaunen, vielmehr muß man eine Reihe unangenehmer Konsequenzen auf sich nehmen. Ausgrenzung ist die häufigste, gleichzeitig auch die am ehesten zu verstehende aus Sicht der „Du"-Sager. Grenzt sich doch der „Sie"-Sager selber und freiwillig aus, indem er mit seinem Sie signalisiert: Mit diesen Menschen will ich nichts zu tun haben.

Spätestens hier wird klar, welch schlimme und folgenschwere Mißverständnisse sich breit gemacht haben. Je weniger das Sie noch gesellschaftlich möglich und akzeptiert ist, desto weniger interessieren sich die Leute für die Gründe, die für ein Beibehalten des Sie sprechen könnten. Und je unangenehmer die Konsequenzen und Sanktionen ausfallen für den, der aus guten Gründen am Sie festhalten will, desto eher wird er sich gegen sein besseres Wissen überreden lassen und sich anpassen.

Dabei ist zu bedenken, daß die meisten Menschen, die das kollektive Du bevorzugen, ehrlich glauben, jedem damit einen Gefallen zu tun, dem sie das Du anbieten. Wird es - aus guten Gründen, die noch zu behandeln sind - zurückgewiesen, so ist die Enttäuschung groß und kippt oft um in Groll und manchmal Schlimmeres.

Die Personen, denen es wichtig ist, beim Sie zu bleiben, müssen sich in unserer Gesellschaft innerlich stark aufstellen und selbstbewußt agieren, was nicht jeder vermag. Sie geraten meist in die Defensive, werden oft genötigt, Begründungen zu liefern, was nicht immer einfach ist, je nach der inneren Bedingung bzw. der Voraussetzung des

„Sie"- Sagens. Und sie sind meist allein und damit die klassischen Außenseiter.

Die Härten mancher Reaktionen kann man durch besondere Freundlichkeit abmildern. Bietet mir jemand das Du an, und ich möchte beim Sie bleiben aus ernsten Gründen, die aber nicht das geringste mit einer Ablehnung der anderen Person zu tun haben, so empfiehlt es sich, besonders freundlich zu sein und damit dem Mißverständnis entgegenzutreten.

Nun sollte das alles kein Anlass zum Selbstmitleid sein, gibt es doch viel gravierendere und einschneidendere Verhältnisse, die einen Menschen zwingen, innerlich stark zu seiner Überzeugung, seiner Art, seiner Herkunft etc. zu stehen und Druck zu ertragen.

Andererseits geht das Problem mit dem „Du"-Sagen inzwischen so weit, daß es, wie einer Freundin von mir zweimal widerfuhr, zur Bedingung für die Einstellung gemacht wird, daß man Kunden, sogar Einkäufer, duzt. Wer sich bei Ikea bewirbt, weiß, was ihn in dieser Beziehung erwartet. Ansonsten ist dieses Vorgehen schlicht illegal, wurde aber in diesem Fall etwas umwunden und indirekt kommuniziert, so daß dem potentiellen Arbeitgeber nichts nachzuweisen war und die Bewerberin sehr genau wußte, warum sie die Stelle trotz bester Qualifikation nicht bekam.

Es gibt Personen, die sich dem öffentlichen Trend zum Du erfolgreich und ohne unangenehme Nebenwirkungen widersetzen können. Das sind Prominente, deren Ausscheren entweder als liebenswerte Marotte oder als eine Art Markenzeichen wahrgenommen wird. Vielleicht schwingt hier auch manchmal Respekt mit.

Nikolaus Bachler, der Intendant der Bayrischen Staatsoper, sagte in einem Interview mit der Süddeutschen Zeitung vom 24. Juni 2017 folgendes:

„Neulich hat mich jemand gefragt, warum ich nach so vielen Jahren immer noch mit allen am Haus per „Sie" bin. Nun, ich komme aus der Generation, in der das normal ist. Ich könnte mir nicht vorstellen, ohne das Sie zu arbeiten. Ich poche nicht drauf, es hat sich so ergeben und es ist mir angenehm. In der chinesischen Philosophie gibt es das Bild, dass man sich einander nur zuneigen kann, wenn man Abstand zueinander hat. Diese Haltung entspricht mir."

Das Sie ist sozusagen weitgehend amputiert worden wie ein Wurmfortsatz, dessen Nutzen nicht ersichtlich war. Ich wage hier einen Vergleich: Vor wenigen Jahrzehnten noch entfernte man bei Kindern, die häufig unter Mandelentzündung litten, die Mandeln bedenkenlos. Auch der Wurmfortsatz wurde als ein aus der Evolution übriggebliebenes Anhängsel ohne Sinn und Funktion angesehen. Inzwischen ist die Medizin zurückgekehrt zu Erkenntnissen, die es früher schon gab. Die Mandeln werden, wo immer möglich, als Entgiftungsorgane erhalten. Auch der Wurmfortsatz ist nicht länger ohne Funktion.

So ähnlich stelle ich mir eine Renaissance des Sie vor. Es wird vielleicht wieder respektiert und geachtet werden als unverzichtbares Instrument des menschlichen Zusammenlebens. -


Vor einigen Jahren gewann eine Dame namens Conchita Wurst mit langen schwarzen Haaren und Vollbart den Grand Prix d´Eurovision. Sie war für Österreich angetreten und hatte wohl viele Stimmen aus Deutschland für ihren Auftritt bekommen. Nun ist dies eigentlich bedeutungslos; wer Schlager mag und an dem Geschlechter-Verwirrspiel Spaß hat, kann sich die Dame und ihre Musik ansehen und anhören. Wen das nicht interessiert, der beschäftigt sich mit etwas anderem. Sollte man meinen.

Ein paar Tage nach ihrem Sieg gab es im Bayrischen Rundfunk eine Zuhörersendung; man konnte dort anrufen und zu einem vorgegeben Thema Stellung beziehen. Der Titel dieser Sendung lautete:

„Nach dem Sieg von Conchita Wurst - sind die Deutschen tolerant?"

Zu meinem grenzenlosen Erstaunen wurde nun ernsthaft eine Stunde lang darüber diskutiert, ob die Deutschen tolerant sind - mit einer vollbärtigen Sängerin als Aufhänger. Man kam zu dem

Schluß, daß die vielen deutschen Stimmen für die Dame eindeutig als ein hoffnungsvolles Anzeichen für die Toleranz der Deutschen zu bewerten seien. Nun ist klar, daß Toleranz sich an allen möglichen schwerwiegenden Phänomenen mißt. Trotzdem drängte sich mir dieser Gedanke auf: Ob die Deutschen tolerant sind, ist nicht an einem Schlagerstar auszumachen. Begeben Sie sich als Tourist in eine Reisegruppe, als Pädagoge in ein Lehrerzimmer, als Sänger hinter die Opernbühne, und sprechen Sie konsequent alle Menschen, die Sie dort antreffen, per „Sie" an. Bei diesem Experiment wäre sicher auszumachen, wie tolerant die Deutschen sind.

In unserer Gesellschaft ist man zunehmend darum bemüht, Kurioses, Ungewohntes gelten zu lassen, möglichst wenige Phänomene zu sanktionieren. Dieser Prozess findet ständig statt und ist naturgemäß einem dauernden Wandel unterworfen.

Gleichzeitig gibt es Übereinkunft über neue Sanktionen, z.B. was das Thema Missbrauch angeht.

Das Sie gehört ebenfalls zu den neuen „Anstößigkeiten", man kann es nicht anders ausdrücken. Ohne daß viel darüber gesprochen wird, ohne Begründungen zu liefern, ohne um Meinungen zu fragen, hat man das Du in stiller Übereinkunft zur Regel erklärt. Vereinzelte Zeitungsartikel ändern daran überhaupt nichts.

Deshalb hört beim Sie immer öfter die Toleranz auf. Die Stimmung kippt, es zieht ein Eishauch über die Köpfe, sobald klar ist, daß in einer Gesellschaft einzelne Personen sich „Sie" sagen. Man fragt sich einige Zeit, was denn passiert ist, bis jemand das Rätsel löst: „Sie"- Sager sind Spielverderber, sind suspekt bis zwielichtig. Es ist das Sie, das nicht toleriert werden kann.

# Danke, daß du hier nicht hinauf-steigst!

Kinder und Jugendliche erleben seit langer Zeit in vielerlei Beziehung ein Verschmelzen der Kinder- und Erwachsenenwelt.

Mittelalte und ältere Menschen blicken meistens auf eine Kindheit zurück, in der die Kinder- von der Erwachsenenwelt noch mehr oder weniger klar abgegrenzt war. Ab den 60er-Jahren im Zuge der Studentenrevolten und anderer Aufbrüche begann allmählich eine einschneidende Veränderung.

Ich will diese Zeit nur streifen, da sie zu weit vom Thema wegführen würde. Aber folgendes erscheint mir wichtig: Der Jugend ging in diesen Jahren verständlicherweise das Vertrauen in die Erwachsenen teilweise, manchmal auch ganz verloren. Dies hing, allgemein gesprochen, u. a. mit der unbearbeiteten Zeit des Nationalsozialismus zusammen. Ein Festhalten an alten Autoritäts-strukturen wurde schwer bis unmöglich. Besonders betraf dies die Universitäten, und die Anklage „unter den Talaren der Muff von tausend Jahren" war in gewisser Weise durchaus nachvollziehbar.

Ebenfalls wurden alte Erziehungsmethoden gründlich hinterfragt, und es wurde auf vielfältige Weise mit neuen Vorstellungen experimentiert.

Daß die Jugend die Erwachsenen immer wieder kritisch beobachtet und auf das Vorhandensein überzeugender, echter und ehrlicher Vorbildfunktion „abklopft", zieht sich durch die Menschheitsgeschichte. Daß die Jugend im Schwung des Aufbruchs über vieles hinwegfegt, ebenso, man denke z.B. an die Aufbrüche der jungen Romantiker.

Es erscheint logisch, daß im Zuge dieser Ereignisse auch die abgrenzende Anrede „Sie" in Frage gestellt wurde. Beinhaltete das Sie doch Respekt vor dem Gegenüber, insbesondere auch seiner Stellung in der Gesellschaft. Wo der Respekt nicht mehr erlebt wurde, stand auch die Anrede auf dem Prüfstand bzw. wurde, wie vieles andere, im großen Schwung „entsorgt". Heute nun sind wir an dem Punkt, wo diese Entsorgung fast abgeschlossen ist.

Das Problem besteht darin, daß selten mit Weitblick gehandelt wird. Bei der Kindererziehung, beim Du, um nur zwei Beispiele zu nennen, glaubte man so rührend fest an eine umfassende Veränderung zum Besseren, daß man nicht oder nur zögernd bedachte, es könnten sich auch Folgen und Nebenwirkungen einstellen, die mit den gesellschaftlichen und politischen Aufbrüchen nicht das Geringste mehr zu tun haben, sondern sehr wohl das einzelne Individuum auf vielfältige Weise treffen können, ganz im privaten Rahmen.

Daß man der kindlichen Natur schaden könnte, wenn man sie den Erwachsenen gleichstellt, wurde erst viel später bedacht. Daß die Abgrenzung Bedingung dafür ist, daß das Kind den Erwachsenen als Beschützer erlebt, daß die fehlende Abgrenzung der Kinder- von der Erwachsenenwelt den Schutzraum des Kindes zerstören kann, wird erst mit großer Verspätung diskutiert.

Hier will ich einen kleinen Exkurs anfügen.

Gerhard Amendt, ehemals Professor für Soziologie an der Universität Bremen, brachte 1995 ein Buch heraus mit dem Titel „DU ODER SIE", in welchem er das Du zwischen Studenten und Professoren äußerst kritisch hinterfragt.[1] Er wehrte sich vehement gegen diese Entwicklung, u.a. mit folgenden zusammengefaßten Argumenten:

Das Du zwischen Professoren und Studenten beruhe auf Unaufrichtigkeit, suggeriere es doch den Studenten, sie seien mit dem Professor auf einer Stufe gleichgestellt. Dies habe zur Folge, daß der Professor sich als prüfende Instanz selbst nicht mehr ernst nehmen könne. Er, Gerhard Amendt, habe festgestellt, daß duzende Kollegen zunehmend Schwierigkeiten bekommen, objektiv bleiben zu können. Er fühlte, daß er sich mit dem Du

---

[1] Gerhard Amendt, *Du oder Sie: Zur Familiarisierung der sozialen Ordnung*, Ikaru, Bremen 1995.

den Studenten auf eine Weise verbinden würde, die seiner Funktion nicht gerecht würde.

In diesem Buch werden auch Stimmen von Studierenden zitiert, die z.B. beklagen, daß das Du es ihnen schwerer mache, Fragen zu stellen, den Professor als die überlegene, fragenbeantwortende Instanz wahrzunehmen. Unsicherheit mache sich auf beiden Seiten breit, wenn zwischen Professor und Student das - wohlbemerkt! - sachliche, auf Fachwissen bezogene Gefälle eingeebnet wird, was eben durch das Duzen befördert wird.

Gerhardt Amendt geht in seinem Buch so weit, in diesem Zusammenhang von der „Tyrannei der Intimität" zu sprechen. Er erklärt das, etwas vereinfacht, damit, daß das Du im Universitätsbetrieb eine familiäre Atmosphäre vorgaukelt, die, je nach Standfestigkeit von Studierenden wie Dozenten, auf allen möglichen Wegen in das Lehrgefüge eindringt und dieses verfälscht. Auch solle das Du die Angst vor Prüfungen abbauen, was aber ein widersinniger Weg sei. Denn: Diesen umfassend bemerkenswerten Satz wählt er als Titel für die Einleitung seines Buches:


„Duzen nimmt der Angst den Stachel, aber nicht ihre Wurzel."


Übergeordnet ernst genommen gilt dieser Satz nicht nur für den Universitätsbetrieb, sondern für alle Bereiche unserer Du-Welt. -

Doch nun zurück zu den Kindern.

Es gibt erheiternde Beispiele aus der Kinderwelt. Wenn z.B. ein 8-jähriger stämmiger Landwirtssohn, der seinem Vater, Großvater und den Onkels tüchtig und schon mit beeindruckenden Maschinen zur Hand geht, unsereinen souverän winkend mit einem lauten „Griaß di" bedenkt, so kann man sich ein Lachen kaum verkneifen und grüßt freundlich zurück, denn irgendwie lebt dieses Kind in seiner Vorstellung schon als respektabler Jungbauer.

Andererseits: In Tirol ist es üblich, auch als Kunde geduzt zu werden. Dem jungen Mädchen an der Supermarktkasse, die einen ebenfalls freundlich mit einem „Griaß di" bedenkt, möchte ich gerne sagen: „Ich könnte Sie viel eher als erwachsenen Menschen wahrnehmen, wenn Sie mich per „Sie" grüßen würden." Ich habe immer den Eindruck, daß ich diese ungewohnte Anrede wohl „wegstecken" kann, daß sie selbst aber sich damit keinen Gefallen tut.


Zunächst erlebten die Kinder im Zuge der „Verduzung", daß Erwachsene sich untereinander mit „Du" ansprachen. Den Kindern war fremden Erwachsenen gegenüber das Sie vorbehalten. Auch dies änderte sich im Laufe der letzten 20 Jahre. Ich denke zwar, daß zumindest in der Grundschule Kinder noch „Sie" zur Lehrkraft sagen. Doch immer öfter habe ich erlebt, daß Kinder zunächst verwirrt reagieren, wenn wir andere Erwachsene siezen, und immer öfter erfährt man, daß Kinder die Erwachsenen außerhalb der Schule selbstverständlich duzen und das für sie gewohnter Alltag geworden ist.

Jeder weiß, daß es für Jugendliche inzwischen keine Ehre und kein Symbol des Respekts mehr ist, wenn sie, der Kindheit entwachsen, mit dem Sie konfrontiert werden. Eher zucken sie instinktiv zurück, sind erschrocken, wehren das Sie manchmal vehement ab. Ich habe schon viel freundliche Überzeugungsarbeit leisten müssen, wenn ich es an der Zeit fand, erwachsen gewordene Nachbars- oder Freundeskinder, die man lange als Kinder begleitete und hatte aufwachsen sehen, nun auch als Erwachsene anzusprechen. Ebenso bei den erwachsenen Freunden der eigenen erwachsenen Kinder. Diese freundliche Vermittlungsarbeit wird einem Menschen, der dem Sie zugeneigt ist, abverlangt, weil man ihm sonst allzu oft Un- und Mißverständnis entgegenbringt.


Der Übergang vom Geduzt – zum Gesieztwerden beinhaltete vor noch gar nicht so langer Zeit ein Initiationsritual für die Jugendlichen. In bemerkenswerter Geschwindigkeit verschwand inzwischen das Bewusstsein für die Notwendigkeit solcher Rituale. Andererseits wird von Psychologen auf die immense Bedeutung der Initiationsrituale für die seelische Gesundheit der heranwachsenden Kinder hingewiesen. Das ausufernde Du hat auch hier eine umfassend einebnende Wirkung.

Die Jugendlichen haben sich bestens eingerichtet in der gleichgeschalteten Welt. Die erwähnte oft heftige, ja entsetzte Abwehr bei dem Ansinnen, nun gesiezt zu werden, führt mich wieder zu dem Satz von Gerhard Amendt: „Das Duzen nimmt der Angst den Stachel, aber nicht ihre Wurzel". Immer wieder frage ich mich: Woher rührt diese Angst?

Die neue Stufe bei der Abschaffung des Sie hat eine weitere, sehr wirksame Konsequenz. Denn nicht nur befinden sich Kinder und Jugendliche gegenüber den Erwachsenen in einem immer distanzloseren Zustand. Folge ist auch, daß Erwachsene, unabhängig von Kindern und Jugendlichen, auf die Stufe der Kinder verfrachtet werden. Das erscheint uns schon so selbstverständlich, daß vielleicht kaum noch jemand stutzt, wenn er auch im öffentlichen Raum wie ein Kind angesprochen wird.

Schweden ist bekanntlich Vorreiter bei der Einheitsansprache, wir dürfen das eindrucksvoll bei Ikea erleben.

Ich weiß nicht, ob es noch mehr Menschen gibt, denen die unfreiwillige Komik bewußt wird, wenn ihnen wie einem Kleinkind Lob zugesprochen wird. „Danke, daß du die Toilette sauber hinterläßt", „Danke, daß du sparsam mit dem Wasser umgehst". Wie weiß ich es zu schätzen, daß unsere

Eltern noch in einem normalen Ton mit uns sprachen. Wenn ich diese Schilder lese, höre ich mit meinem inneren Ohr aus dem Off eine Stimme liebevoll zu mir sagen: „Das hast du aber fein gemacht! Das ist aber brav von dir!"

Und ich erinnere mich an zweierlei:

Wir sind sehr wohl von unseren Eltern gelobt worden, aber in einer normalen Tonlage für lobenswerte Taten.

Und: Gerne und noch lieber folge ich Bitten oder Anweisungen von Instanzen, die mich als Erwachsenen ansprechen und mir zutrauen, daß ich meiner Sinne mächtig und selbständig zu denken und zu entscheiden in der Lage bin. –

Im Ikea-Restaurant, das wir auf einer Reise durch Norddeutschland aufsuchten, erblickten wir folgendes: Mitten zwischen den Tischen stand ein hohes Regal, dessen Funktion sich nicht erschloß. Angebracht war ein deutlich lesbares Schild:

„Danke, daß du hier nicht hinaufsteigst!"

Man zuckt unwillkürlich zusammen und sieht vor seinem inneren Auge Herren und Damen unrechtmäßig im Regal herumklettern. Ein wenig Nachdenken bringt die Erkenntnis: Offenbar sind hier zur Abwechslung einmal nur Kinder gemeint!

Das muß einem aber auch gesagt werden. -

Eine weitere Begebenheit will ich schildern, die nur indirekt, aber doch deutlich mit dem Thema der „Infantilisierung" zu tun hat.

Eine über 90 Jahre alte Frau lag in einem großen Klinikum im Sterben, in einem Einzelzimmer der Palliativ-Station. Sie war über längere Strecken nicht mehr bei Bewußtsein, ab und an wach und ansprechbar, dann dämmerte sie wieder ein. Eines Morgens bemerkte die Tochter zu ihrem Entsetzen, daß man der Sterbenden ein kleines Radio neben das Ohr gestellt hatte, es lief Schlagermusik auf „Bayern 3". Zur Rede gestellt, erklärte die zuständige junge Lernschwester, sie habe gedacht, es mache der Patientin Spaß.

Es sollen hier auf keinen Fall Vorurteile gegen das hart arbeitende Pflegepersonal geschürt werden, ganz im Gegenteil. Und doch erscheint mir dieser krasse Fall symptomatisch. Die junge Schwester hatte in allerbester Absicht gehandelt, denn sie konnte sich einfach nicht vorstellen, daß irgend jemand ihre Lieblingsmusik NICHT goutieren würde. Sie nahm an, daß ihre und die Welt der Patienten, der Erwachsenen, der älteren Menschen, ja selbst die Welt einer Sterbenden irgendwie nicht voneinander unterschieden sind.

Ein weiteres, um sich greifendes Phänomen schilderte mir eine seit Jahrzehnten im Klinikbetrieb tätige Therapeutin, die als Stationschefin für die Betreuung der Praktikanten zuständig ist.

Sie stellt fest, daß von Jahr zu Jahr immer öfter Praktikanten fassungslos auf das Ansinnen ihrer Chefin reagieren, die Praktikanten siezen zu wollen. Im Zuge dieser Entwicklung erlebt sie, daß immer wieder Praktikanten mehr oder weniger offen klarstellen, daß sie sich nichts sagen und anschaffen lassen. Ihre Chefin gibt sich größte Mühe, ihnen ein paar Zusammenhänge begreiflich zu machen, spricht von Verantwortung etc. Oft erntet sie verständnisloses Desinteresse.

Dies ist eine Variante dessen, was Gerhard Amendt in seinem Buch über den Universitätsbetrieb offenlegt. Würde hier das Sie zwischen Chef, Mitangestellten und Praktikanten konsequent eingeführt, und zwar in allen Abteilungen, so hätten die jungen Praktikanten allenfalls eine Chance, spät genug ein Stück weit umzudenken und sich in einem deutlich voneinander unterschiedenen Gefüge wiederzufinden. Mit anderen Worten: Sie wären eingeführt in eine Klinikhierarchie, die dem Wohl der Patienten dient.

Und immer noch wäre es vermutlich ein harter Weg für einen jungen Menschen, der sich schon als Kind mit Erwachsenen gleichgestellt erlebt hat.

# Wo liegt das Problem?

Das ist die interessante Frage: Wo liegt das Problem?

Mitmenschen, denen das kollektive „Du"- Sagen alltäglich und selbstverständlich geworden ist, verstehen nicht den Grund, der überhaupt dazu führen kann, das Sie zu bevorzugen. Die Folge ist, daß sie laut eigenem Bekunden nicht begreifen, was denn überhaupt an dem Thema so bedeutsam sein soll.

Gibt es nicht wichtigere, drängendere Themen als ausgerechnet die Anrede? Warum so ein Aufstand um diese Kleinigkeit? Was kostet es denn, einzusehen, daß das Sie veraltet und unnütz ist? Die Zeiten ändern sich, Altes wird fallengelassen, Neues kommt, das ist der ganz normale Lauf der Entwicklung. Warum an einem Detail hartnäckig festhalten, wenn es doch keinen Sinn mehr hat und nur Nachteile schafft? Es gab Zeiten, da sprach man die Eltern in der dritten Person an, auch das ist unbeweint abgeschafft worden. Warum also überhaupt noch darüber sprechen? Es wird das Sie ebenso verschwinden, man wird sich daran gewöhnen und ihm nicht hinterherweinen.

Das klingt zunächst einmal bestechend einfach. Die Gewöhnung erleichtert vieles. Sieht man aber die Sache von der anderen Seite an, dreht sich der Spieß genau einmal um. Denn wenn das Thema der Anrede so belanglos untergeordnet wäre, warum reagieren dann viele Menschen auf das Sie alles andere als gelassen? Müßten sie dann nicht ihrerseits die Geduld aufbringen, die „Sie"- Sager entspannt gewähren zu lassen, bis sich das Thema von selbst erledigt hat?

Warum dann häufig die heftigen, abwehrenden, abqualifizierenden, erzürnten, beleidigten oder unterkühlten Reaktionen? Das Thema scheint im Spiegel dieser Erwiderungen hochbrisant zu sein. Und das ist es auch. Wo Gefühle hochkochen, wo Mißverständnisse gedeihen und kaum noch ein sachlicher Austausch möglich ist, wo Kommunikation zum Erliegen kommt, da kann es sich nicht um Belanglosigkeiten handeln. Auch wenn diese Reaktionen nicht immer laut geäußert werden, die Gefühle sind im Raum und wirken sich aus. Auch die unguten Gefühle der Personen, die gegen ihren Willen ständig der Anrede „Du" ausgesetzt sind, entlasten die Situation keinesfalls.

Ein Grund für die Brisanz ist natürlich, daß man der Anrede nie entgehen kann. Nichtraucher können heute den Rauch meiden, Vegetarier sind nicht gezwungen, mit Fleischessern an einem Tisch zu sitzen. Die Anrede aber ist ständig präsent, und wer ausschert, fällt sofort auf. Und offenbar hängt an den beiden kleinen Wörtern „Du" und „Sie" mehr, als man zunächst annehmen möchte.

Ich erinnere mich an ein Zitat in einer Zeitung, das mit der Schlagersängerin Nena geführt wurde. Dort sagte sie, sie halte es nie länger als 3 Minuten aus, mit einem Menschen per „Sie" zu sein. Wäre so ein Effekt erklärlich, wenn die Anrede so unbedeutend wäre?

Es wird oft damit argumentiert, das deutsche Sie sei zu vernachlässigen, es gäbe genug Sprachen, wo in der Anrede kein Unterschied gemacht wird, also sei auch das deutsche Sie bedeutungslos.

Abgesehen davon, daß es in anderen Sprachen andere verbale Varianten der Abgrenzung gibt, könnte man zurückfragen: Fahren Holländer nicht ans Meer, weil die Österreicher kein Meer haben? Gehen die Schweizer nicht in die Berge, weil es in Dänemark keine Berge gibt? Ist es nicht vielmehr so, daß es in jedem Land, in jeder Kultur, in jeder Sprache Besonderheiten gibt, die in diesem Land, in dieser Kultur und in dieser Sprache gewachsen sind? Wo wollten wir anfangen, Besonderheiten abzuschaffen, und wohin würde das führen? Es würde eine völlig sinnlose Herkulesarbeit werden, die nur sprachliche Verarmung zur Folge haben könnte. Es ist nun einmal so, daß die deutsche Sprache klar unterscheidende Anredevarianten anbietet. Diese beinhalten, wie geschildert, große Bedeutung und vor allem eine starke Wirkung.

Das deutsche Wort „Du" besitzt ein anderes Gewicht als das englische „you", das französische

„tu". In jeder Sprache ist das so, daraus speist sich die Vielfalt und Lebendigkeit der verschiedenen Sprachen. Die Vielfalt aller Sprachen zu erhalten ist ein gemeinsames Ziel, dem wir nicht näher kommen, wenn wir einzelne Worte amputieren.

Wo also liegt das Problem wirklich?

# Das Du und die Gruppe

Gerhard Amendt schildert aus dem Universitätsalltag einige Phänomene, die sich durchaus auf das „normale" Leben übertragen lassen. Er beschäftigt sich mit dem Gruppen-Du, mit der Tatsache, daß Gruppen heute nicht mehr ohne das Du auskommen. In dieser Tatsache sieht er schwerwiegende Konsequenzen, die ich auszugsweise hier wiedergeben möchte. Seine Thesen nehmen einen interessanten Schwenk ins Politische, doch auch im Privaten erscheinen mir seine Ausführungen plausibel zu sein.

„Wie schnell in einer informellen Gruppe die eigene Selbständigkeit dahinschwinden kann, wissen die meisten aus eigenem Erleben. Ein banales Beispiel: Wer in einer Gruppe wandert, kümmert sich selten um die Route. Irgendwie geht jeder davon aus, daß ein anderer den richtigen Weg weiß und verfolgt."

„Neben der intimen Nähe erzeugt das Gruppen-Du auch eine große Bereitschaft, nicht den eigenen, sondern den Vorstellungen der anderen zu folgen."

„Das Gruppenmitglied neigt dazu, Dinge zu tun oder Gedanken zu denken, die es als Einzelperson nie tun oder denken würde."

„Wer möglichst schnell einen Führer finden und sich ihm unterordnen möchte, dem kommt das Du gerade recht."

Ich bin mir sicher, daß Gerhard Amendt hier entscheidende Punkte realistisch anspricht. Seine Beobachtungen und gedanklichen Konsequenzen sind nicht von der Hand zu weisen.

Wer aufmerksam beobachtet und in sich hineinspürt, fühlt diese Dynamik sehr wohl. Ich besuchte vor einigen Jahren einen Volkshochschulkurs, und weil ich es müde war und es auch als sinnlos empfand, mich wieder einmal zu „outen", vermied ich die Anrede, wurde ansonsten von allen Mitteilnehmern geduzt. Im Laufe des Kurses war für mich immer deutlicher zu spüren, wie über das gemeinsame Lernen hinaus (es wurden oft gemeinsame Übungseinheiten eingelegt), hier eine Gruppe zusammenwuchs, obwohl es keinerlei private Kontakte gab, man auch garnicht die Möglichkeit hatte, persönlich viel miteinander zu reden. Nach außen war es ein reiner Lernkontakt. Ich merkte, daß es mich eine gewisse Anstrengung kostete, sich hier nicht mitziehen zu lassen, innerlich bei sich zu bleiben, sich nicht als Gruppenmitglied zu fühlen.

Im Kontrast dazu habe ich über viele Jahre intensive Gespräche und andere Unternehmungen mit mehreren Personen erlebt, allerdings durchgehend im allgemeinen Einverständnis per „Sie". Dabei beschäftigten uns gemeinsame Themen und Interessen. Nie stellte sich dieses merkwürdige und nebulöse Gefühl ein, Teil einer Gruppe zu sein, obwohl natürlich nicht nur gemeinsame Interessen, sondern auch Sympathie dazu führten, daß man überhaupt über so lange Zeit miteinander aktiv war. Wir kamen zusammen und gingen auseinander als die gleichen, für sich stehenden Menschen. Das Sie machte es auch möglich, daß manchmal heftig diskutiert wurde und man keineswegs immer der gleichen Meinung war, ohne daß es zum persönlichen Streit mit persönlichen Konsequenzen kam.

Wo ist nun der Moment, wo das Du in solch merkwürdige Bahnen gerät?

Die Keimzelle des Du ist der Kontakt zwischen Kindern und Eltern. Die Nähe, die Innigkeit, die Fürsorge, das Sich-Aufgeben in der Sorge um das Kind ist ohne das Du undenkbar. Solange das Kind von den Eltern abhängig ist, bedarf es der größten Nähe.

Der Philosoph und Unternehmensberater Reinhard K. Sprenger formuliert das in einem Artikel der Neuen Zürcher Zeitung vom 12.6.2018 so:

„Wenn ein unverbildetes Kind durch einen Wald geht, fühlt es sich einem großen Organismus zugehörig. Es spaltet die Welt nicht auf in Subjekt und Objekt, es ist eins mit ihr. Es ist ähnlich verschmolzen wie ehedem mit der Mutter. Wenn es dann erwachsen wird, geht es zur Welt auf Distanz. Im Rückblick erinnern wir uns wehmütig an die verlorene Nähe zu den Dingen. Aber wem es gelänge, Kind zu bleiben, der bliebe «kindisch». Er bliebe auch überzeugt, dass die Erde eine Scheibe sei – weil er sie nie «von weitem» sah. Der Begriff der Distanz beschreibt also den Unterschied zwischen einer kindlichen und einer erwachsenen Lebenswelt."[2]

Diese Bemerkung erscheint mir wichtig z.B. im Rückblick auf den vorher erwähnten Umgang der jungen Krankenschwester mit der Sterbenden. Dieser Zustand, daß immer noch alles mit allem verbunden ist, entspricht dem von Reinhard K. Sprenger erwähnten Phänomen. Für das Kind ist die Erde eine Scheibe. Der Erwachsene kann denkend und beobachtend weitere Einsichten erfassen. Für die Krankenschwester war jeder Mensch ein Musikhörer, und zwar ein Hörer ihrer Musik. Das ist ein reines Kinderverhalten. Das Kind zeigt ungehemmt seine Freude, sein Interesse, durchlebt all das, was im Moment auf es einwirkt. Es macht je nach Alter noch kaum einen Unterschied, mit wem es z.B. seine Freude teilt.

---

[2] Reinhard K. Sprenger, *Schluss mit dem Duzen: Wenn der Abstand schwindet, gibt es auch keine Nähe mehr, und die Anarchie beginnt.* Neue Zürcher Zeitung, 12.6.2018, Feuilleton.

Hier ein kleiner Rückblick auf die am Anfang beschriebene Polizistin Sophie Haas. Die zwei Anlässe, wo sie von dem konsequent gepflegten Sie abrückt, entsprechen in gewisser Weise einer Situation aus der Kinderwelt.

Im einen Fall findet sie sich zusammen mit ihrer jungen Kollegin fest an einen Baum gefesselt von einem bewaffneten Verbrecher. Die Lage erscheint aussichtslos, die junge Kollegin verliert die Nerven und fängt an zu weinen. Frau Haas, selbst unter größtem Stress, übernimmt nun die Mutterrolle und versucht, die junge Frau zu trösten und zu beruhigen – wobei ihr zweimal ein „Du" über die Lippen kommt. Natürlich können die beiden sich befreien (sonst könnte ja die Serie nicht weitergehen); und als die ganze Situation umfassend gelöst ist, kehrt Frau Haas selbstverständlich zum Sie zurück.

Auch die Episode mit dem Kollegen Schäffer zeigt ein ähnliches Muster: Er berührt ein Paket, nicht wissend, daß sich darin ein Sprengsatz befindet. Sophie Haas kommt in letzter Sekunde um die Ecke gefahren und schreit aus vollem Halse: „Dietmar, fass das Ding nicht an!" Er läßt los, auch vor lauter Staunen darüber, daß er geduzt wird. Die Situation ist gerettet, und Frau Haas kehrt umgehend und mit strenger Miene zum Sie zurück. Ihre mütterliche Schutzfunktion ist beendet.-

Eine weitere Erfahrung will ich an dieser Stelle einschieben.

Eine Hebamme, die ausschließlich bei Hausgeburten den Müttern beisteht, berichtete, daß in dieser speziellen Geburtssituation sich für sie das Du fast aufdrängt. Sie betreut über viele Stunden die werdende Mutter. In dieser Zeit befinden sich Mutter und Hebamme völlig im Dienst für das erwartete Kind. Es ist ein gemeinsames Sich- Fügen dem, was die Natur der Frau vorgibt, es geht ebenfalls nur noch um Nähe, Fürsorge und eine Art von gemeinsamem „Sich Aufgeben" für das Kind. Hier treten persönliche Interessen und Eigenarten in den Hintergrund. Nicht umsonst nannte man Hebammen früher „Wehmütter". Es ist auch eine gänzlich andere Atmosphäre um Mutter und Hebamme als in der Klinik. Dieses sich gemeinsam in den Dienst der Natur Stellen erzeugt große physische Nähe, von der Intensität her ähnlich der physischen Nähe zwischen Mutter und Kind. –

Doch nun zurück zu der Entwicklung des Kindes hin ins Erwachsenwerden.

Wächst das Kind heran, bleiben Kinder und Eltern natürlich per „Du", doch nun ersteht die immer anspruchsvollere Aufgabe für die Eltern, aus dem Du mit den Kindern kein zu enges Gruppen-Du werden zu lassen. Im besten Fall bleiben Liebe und Nähe möglich, ohne das heranwachsende Kind einzuengen.

Während es früher eher die Regel war, daß Jugendliche mit Macht, auch unter Protest, sich aus der Sphäre der Eltern entfernten und die Eltern oft unter dem Abschied von den Kindern litten, findet heute eine merkwürdige Umkehrung statt. Da gibt es die bekannten „Nesthocker", die sich gerne gemütlich und wohlversorgt zuhause einrichten in einem Alter, wo man früher längst über alle Berge war, um ein eigenständiges, vom Einfluß und dem Hineinreden der Eltern befreites Leben zu führen. Oft kehrte der engere Kontakt zu den Eltern dann zurück, wenn Enkelkinder geboren waren. Das ist logisch, denn nun war man wieder über die Kinderwelt miteinander verbunden.

Man könnte viele Beispiele anführen, aus denen ersichtlich wird, wie stark inzwischen die Erwachsenen- mit der Kinderwelt vermischt wird. Eltern versuchten in den letzten 20 Jahren zunehmend, sich den heranwachsenden Kindern anzudienen, indem sie die gleiche Musik hörten, die gleiche Mode bevorzugten, die Jugendsprache übernahmen. Dies geschah im guten Glauben, damit die Härten der Ablösungsphase abmildern oder gar beseitigen zu können.

Ich erinnere mich an Zeiten, wo heranwachsende Kinder und Jugendliche manchmal auf kuriose und eigentlich verzweifelte Weise versuchten, eine Nische von Jugendkultur zu finden, in welche die Erwachsenen ihnen nicht mehr folgen konnten oder wollten. Konsequenz war, daß diese Nischen oft so extrem gestaltet wurden, daß sie auch den Jugendlichen in keiner Weise mehr guttun konnten.

Inzwischen hat man den Eindruck, daß auch diese Phase ausläuft. Natürlich gibt es noch jede Menge Konflikte in der Zeit der Pubertät und danach. Doch hat es trotzdem den Anschein, daß Jugendliche wie Erwachsene sich in der gleichgeschalteten Welt eingerichtet haben.

Auszumachen ist das u.a. an dem Umgang mit dem Du und Sie. Es ist kein Zufall, daß mit der weitgehenden Abschaffung des unterscheidenden Sie auch die Unterscheidung in der Lebens-Praxis ausbleibt. Die Jugendlichen legen kaum noch Wert auf diese Differenzierung, im Gegenteil. Wie erwähnt protestieren sie oft heftig gegen das Ansinnen, ihnen diese Unterscheidung noch anzutragen, in der früher Erwachsene wie Jugendliche eine Aufwertung erlebten. Heute ist das Gegenteil der Fall, das Sie ist für die Jugendlichen häufig zur Zumutung erniedrigt. Die vorher erwähnte Klinikmitarbeiterin, der die Anleitung der Praktikanten zukommt, erwähnte, wie oft Praktikanten sich nur noch mit Vornamen vorstellen. Auf die Frage nach dem Familiennamen: erstaunte Reaktionen.

Beim Nachdenken über dieses Phänomen kommt mir wieder Satz von Gerhard Amendt in den Sinn: „Das Duzen nimmt der Angst den Stachel, aber nicht die Wurzel".

Hat es nicht den Anschein, als hätten viele Jugendliche heute fast Angst, sich aus dem Familienverband zu lösen? Ist das Beharren auf dem Du nicht ein Beharren auf der Kinderstufe? Vielleicht nicht direkt, nicht sichtbar, nicht bei jedem - aber drängt sich dieser Eindruck nicht auf? Die Praktikanten, die sich per Vornamen vorstellen, erscheinen sie nicht wie Kinder, die sich auf der Station bei Müttern und Vätern geborgen fühlen möchten?

Es ist dies ein schwieriges und vielschichtiges Thema, das hier nur ansatzweise behandelt werden kann. Doch gehe ich noch einen Schritt weiter und frage:

Wenn die Kinder-, Jugend- und Erwachsenenwelt immer dichter vermengt wird, woher soll der Jugendliche noch ein Ziel wissen, wo er sich hinentwickeln will, in Abgrenzung von den Eltern und erwachsenen Autoritäten? Ist es dann nicht verständlich, daß er Unsicherheiten aus dem Weg geht, indem er sich als Kind präsentiert?

Es geht nicht darum, gemeinsamen Spaß nicht verstehen zu wollen. Vielmehr geht es um die ernste Ideologie, die hinter dieser Gleichschaltung steckt. Und hier stellt sich die Frage nach der Henne und dem Ei. Was war zuerst: Die Abschaffung des Sie und damit einer Abgrenzung und Unterscheidung zwischen den Generationen, oder folgte das Du um sich greifend diesem Prozess? Es ging wohl eins ins andere über, sich gegenseitig verstärkend.

Mir erscheint es nachvollziehbar, daß für die Jugend ein Unterscheidungsmerkmal sinnlos wird, wenn es nichts mehr zu unterscheiden gibt. Ebenso aber auch, daß diese Prozesse unterschwellig Angst erzeugen können, denn das Verschwimmen der Kinder- und Erwachsenenwelt ineinander hat in der Tat etwas Bedrängendes, Unklares. Das fällt natürlich am ehesten den Menschen der Generation auf, die noch das Gegenteil erlebt haben. Reinhard K. Sprenger beschreibt es mit folgenden Worten:

„Wenn aber alle Distanzen beseitigt sind, dann steht alles gleich nah und alles gleich fern. Dann herrscht das Abstandlose, wo keine Ferne mehr die Nähe wahrt. Denn nur aus der Distanz ergibt sich die Möglichkeit, in einen intimeren Modus zu wechseln. Wenn dieses Wechselspiel nicht mehr beherrscht wird, kann sich kein besonderes Interesse mehr am anderen bekunden.“


Eines erscheint mir in diesem Zusammenhang wichtig:

Es kann nicht darum gehen, nostalgisch an Altem zu hängen, wenn das Alte inhaltsarm geworden ist.

Doch man darf auch den Prozess der allmählichen Gewöhnung nicht unterschätzen. Wenn schon Kinder ein Sie praktisch kaum noch erleben und anwenden, so gewöhnen sie sich mit dem Du auch an die Angleichung. Und sie gewöhnen sich daran, daß ihnen später ebenfalls das respektvolle Sie nicht mehr zukommt.

Nun mag man entgegnen, daß diese Behauptungen überzogen sind, da das Phänomen der Vermischung und Vermengung ja hauptsächlich in der Familie stattfindet, wo man sich in jedem Fall „Du" sagt. Ich glaube, daß sich hier die Innenwelt der Familie und die Außenwelt der übrigen Gesellschaft gegenseitig zuarbeiten. Innerhalb der Familien erleben viele Kinder und Jugendliche eine Angleichung mit den Erwachsenen. Zum Beispiel, wenn Kinder ihre Eltern beim Vornamen nennen, wenn sie gleichberechtigt mitentscheiden sollen bei Dingen, wo sie noch überfordert sind. Wenn man ihnen bereits Verantwortung aufbürdet, wo sie noch sorgenfrei Kind sein sollten.

Wohlbemerkt: Das kollektive Du, das Verschwinden des Sie, kann nur äußerer Ausdruck eines inneren Prozesses sein. Dieser innere Prozess, der sich in den letzten Jahrzehnten abgespielt hat, ist vielschichtig und nicht mit einem einzigen Sachverhalt zu erklären. Doch immer war die Wandlung der Anrede ein Ostinato zu diesen Entwicklungen.

Gerhard Amendt, der die Entwicklung an den Universitäten, was das Du und Sie betrifft, streng und eindeutig interpretiert, unterstellt seinen Studenten und Studentinnen direkt, daß sie mit dem

Wunsch, den Professor und die Professorin zu duzen, diesen Personen mehr oder weniger bewußt eine Vater- oder Mutterschaft antragen. Was natürlich der jeweiligen Funktion von Professoren und Studierenden nur abträglich sein kann.

Der Abschied aus der Kinderwelt ist nicht einfacher geworden. Denn:

Kinder dürfen häufig nicht mehr Kinder sein, Jugendliche möchten keine Erwachsenen werden, und Erwachsene sehnen sich zurück in die Jugendlichen-Welt. Daß da die Anrede ins Schlingern kommt, muß einen nicht verwundern.

Wenn man all diese Veränderungen in der Gesellschaft berücksichtigt, so versteht man auch eher, warum die Gruppe so über die Maßen wichtig wird. Wohlbemerkt die Gruppe, die das Du braucht, um existieren zu können. Das Du der Nähe, der Wärme, der Geborgenheit, der Sicherheit. Die Gruppe, in der das Verschwimmen verschiedener Alters- und Entwicklungsstufen, das Vermengen verschiedenster Arten, das Gleichsetzen von Individuen nicht mehr auffällt. Und ich erinnere an die Zitate vom Anfang dieses Kapitels: Die Gruppe, in der vielleicht eher einer dem anderen hinterherläuft. Die Gruppe, wo die einzelne Person vermutlich geneigt ist, Dinge zu denken und zu tun, die sie alleine vermeiden würde. Die Gruppe, die einen Führer braucht, um zu existieren.

# Träume deinen Traum! Gehe deinen Weg! Lebe dein Leben!

Auf einer Bergwanderung an einer engen Stelle mußte man als Abwärtssteigender warten, um viele Wanderer in der Gegenrichtung vorbeizulassen. Während dieses Wartens fiel mir auf, daß viele der aufwärts steigenden Frauen bedruckte T-Shirts trugen. Ich sah aufmerksamer hin und nahm folgendes merkwürdige Phänomen wahr: Die meisten T-Shirts zeigten einen Text diesen oder ähnlichen Inhalts:

Gehe deinen Weg! Träume deinen Traum! Lebe dein Leben!

Und plötzlich hatte ich den Eindruck, daß eine Gruppe gleichgeschalteter Frauen in Einheitskleidung einen Berg besteigt. Das Absurde war, daß die Texte genau das Gegenteil anmahnten. Hätte man die Szene gefilmt, es wäre eine unfreiwillig komische Sequenz geworden.

Diese Texte finden sich inzwischen überall. Als Sprüche in den sozialen Medien, als Motto auf Karten, als Titel auf unzähligen Büchern, in Zeitschriften, auf Kleidungsstücken. Wenn man sich die Mühe macht bzw. sich überwindet, und immer wieder ein paar Exemplare der Menge von Büchern und Zeitschriften durchblättert und überfliegt, die Durchsetzung der Individualität, Entwicklung des ureigensten Selbst, Verwirklichung persönlicher Träume etc. versprechen, so verschwimmen die Texte irgendwann vor den Augen, man wird verwirrt und müde. Die Autoren wiederholen sich in Endlosschleife, bereiten die immer gleichen Aussagen wieder und wieder auf. In erster Linie, so hat man den Eindruck, wird hier ordentlich Geld verdient mit Träumen, die die Menschen sehr umzutreiben scheinen. Es geht um den Traum, individuell zu werden, sein innerstes Selbst zu entfalten, seine Einzigartigkeit zu leben, sich stark, unabhängig, durchsetzungsbereit und einmalig zu fühlen.

Über diese Ziele mag man denken, was man will. Vom innersten Grund her sind sie verständlich, denn in unserer westlichen Gesellschaft ist man weit damit gediehen, gleichgeschaltet, gleich konsumierend, mit der gleichen Unterhaltung, der gleichen Musik, dem gleichen Fernsehprogramm in einem Einheitsbrei unterzutauchen. In großen Flugzeugen fliegen dann diese Menschen gemeinsam in ferne Länder, um dort wieder das gleiche zu tun: Abwechslung suchen, Abstand vom gleichgeschalteten Leben zuhause. Und schon befinden sich die weitgereisten Touristen wieder in einer Gruppe sehr ähnlicher bis gleichgesinnter Menschen.

Manchmal werden Orte auf dem ganzen Erdball, die noch unbekannt, schön und besonders sind, im Internet vorgestellt und dann von derartigen Massen von Menschen heimgesucht, die das Einmalige, Individuelle suchen, daß die Infrastruktur dieser Orte zusammenbricht und die Einheimischen einsehen müssen, daß es für immer vorbei ist mit dem vormals fast paradiesischen Zustand.

Wenn sich bei all dem in unserer Gesellschaft hin und wieder ein Gefühl des Unbehagens, der Unzufriedenheit und Traurigkeit einstellt, ist das fast zu begrüßen, könnte es doch dazu führen, daß der eine oder andere sich aus diesem Einheitsbrei herausarbeitet und wirklich eigene Wege geht. Es gibt immer wieder solche Beispiele. Und von Glück kann man reden, wenn diese Menschen nicht so genau in der Öffentlichkeit erzählen, was sie unternommen haben.

Ist es nicht merkwürdig, daß der größte Teil der Menschen, die sich mühen und plagen, um zu ihrer ureigensten Individualität zu finden, es strikt ablehnen, sich mit Hilfe des kleinen, gewichtigen Wörtchens „Sie" etwas abzugrenzen? Wäre dies nicht ein erster Schritt, sich ein Stück weit aus den Gruppen zu entfernen, sich eher als einzeln stehender Mensch, also als Individuum zu sehen und zu erleben? Natürlich kann man keinem konkreten einzelnen Menschen etwas unterstellen, wovon man keine Ahnung hat. Wohl aber kann man verschiedene übergreifende Entwicklungen beobachten und miteinander in Beziehung setzen. Und da stellt man fest:

Das abgrenzende Sie verschwindet, Menschen entwickeln das große Bedürfnis, sich in informellen Gruppen per „Du" zusammenzutun, und das in allen Gesellschaftsschichten. Das individuelle Sie wird zur Ausnahme, das automatische Du immer mehr die Regel. Gleichzeitig steigt das Bedürfnis, sich als Individuum zu erleben, einmalig, unverwechselbar, klar zu unterscheiden von jedem Nebenmenschen, dadurch stark und glücklich geworden ans Ziel seiner Träume zu gelangen.

Man möchte fragen: Ja, was nun? Wie soll das funktionieren?


Es gibt diese beiden völlig gegensätzlich laufenden Sehnsüchte: Warm, geborgen, behütet und gut aufgehoben in die unkomplizierte Welt der Du-Gruppen einzutauchen und sich gleichzeitig aufs individuellste zu spüren und wahrgenommen zu fühlen.

Eines ist mir in diesem Zusammenhang noch aufgefallen: Dort, wo ein starkes Bedürfnis nach dem „eigenen Weg", „eigenen Traum", „eigenen Leben" formuliert wird, ist auch das Thema „Sich selbst lieben zu können" eng mit hineinverwoben.

Ebenso ist mir aufgefallen, daß in diesem gemeinsamen Zusammenhang eher selten bis garnicht von der Verantwortung die Rede ist. Wohl fühlen sich die Menschen z.B. für soziale, politische und andere Belange verantwortlich. Doch wenn es um die Verwirklichung dieser vorher erwähnten persönlichen Sehnsüchte geht, bleibt die Eigenverantwortung eher außen vor, vielmehr wird der starke Wunsch nach Individualität, danach, geliebt zu werden und in der Folge sich selbst lieben zu können, irgendwie wieder an andere delegiert.

Wenn man Äußerungen in dieser Richtung aufmerksam liest und hört, ist diese Tendenz auffallend.

Sich selbst lieben zu können, hängt hier immer wieder davon ab, ob man von anderen geliebt wird. Erstaunlich oft ist mir dieser Widerspruch aufgefallen. Da wird so ein fast trotziges „Ich liebe mich, egal was Ihr von mir denkt" postuliert, und gleichzeitig will man sich absetzen von denen, die einen nicht lieben. Doch dieses Absetzen kann nicht funktionieren, immer neue Abhängigkeiten entstehen. Und zum Schluß ist dem betreffenden Menschen doch wieder nur in der Gruppe richtig wohl, die denkt wie er. Das ist eigentlich nicht verwunderlich, spiegelt es doch diesen immanenten Zwiespalt: Sein Individuum zu entwickeln und sich in der Gruppe aufgehoben zu fühlen.


Die Lösung dieses Widerspruchs kann darin liegen, daß das Individuelle, das Einmalige, das innerste Selbst ganz anders und tiefgreifender definiert wird. Denn wenn es um den eigentlichen, geistigen Kern des Menschen geht, sind Gruppen und Meinungen, Trends und Strömungen irrelevant. Dann geht es ausschließlich um das eigene, selbstverantwortende Denken, Fühlen, Handeln.

Wer das anstrebt, erlebt die Anrede „Sie" als äußerst hilfreich, verhindert sie doch das automatische Eintauchen in Gruppen, die die eigene Verantwortung nicht unbedingt fördern. Womit ich zurückschwenke zu den Zitaten von Gerhard Amendt über das Du und die Gruppe, die sinngemäß lauten:

In der Gruppe kümmert man sich nicht so genau um den richtigen Weg, sucht gerne einen Führer und paßt sich eher an.

Menschen, die geneigt sind, beim Sie zu bleiben, wollen also damit nicht zum Ausdruck bringen, daß sie das Gegenüber ablehnen, sich besser dünken, sich überheben wollen. Vielmehr geht es ihnen um eine Art „Seelenhygiene", im Bewußtsein der Wichtigkeit des innersten Kerns und der nicht zu vermeidenden Verantwortung für diesen. Je tiefer und bedeutender dieser innere Kern erlebt wird, desto unwichtiger wird die Gruppe, desto individueller werden die Interessen und Bedürfnisse, die dann kaum von einer Gruppe erfüllt werden können, und desto individueller wird auch die innere Beschäftigung ausfallen, die den Menschen erfüllt.

Die Bedingungen dafür, zu lieben und geliebt zu werden, werden nicht in irgendwelchen Gruppen gesucht, sondern ausschließlich in der inneren eigenständigen Ausrichtung. Denn es ist ein Irrglaube, man könne sich nur selbst lieben, wenn man von vielen Menschen Bestätigung erfährt.

Zum Schluß dieses Kapitels ein kleiner Auszug aus der Autobiographie von Hape Kerkeling „Der Junge muß an die frische Luft", über seine Großmutter, die einen kleinen Lebensmittelladen betrieb:

„Meine äußerst geschäftstüchtige Großmutter hingegen bleibt ernsthaft freundlich und heiter distanziert. Man siezt sich mit der Kundschaft. Jedem Besucher gibt sie das Gefühl, er sei ihr wichtigster Kunde, ohne daß sie das tatsächlich so sagen würde..." [3]

---

[3] Hape Kerkeling, *Der Junge muß an die frische Luft – Meine Kindheit und ich*. Piper Verlag, München 2014.

# Nähe und Vertrauen

Zwischen diesen beiden Begriffen, von denen man meinen könnte, sie gehörten eng zusammen, liegen Welten. Ein einfaches Beispiel aus dem Alltag:

Man steht an der Supermarktkasse in der Schlange an, die Person hinter einem drängt nach vorne, wahrscheinlich nur aus Ungeduld. So ähnlich, wie ein Autofahrer von hinten den letzten Fahrer einer längeren Schlange mit Lichthupe bedrängt in der irrigen Hoffnung, damit freie Bahn zu bekommen. In der Supermarktschlange kann man sich helfen, indem man seinen Einkaufswagen zwischen sich und den Drängler schiebt. Der Wunsch, zwischen sich und der Person hinter sich Raum zu schaffen, kommt reflexartig. Diese Möglichkeit hat man z.B. in der überfüllten U-Bahn nicht. Hier geht man hoffnungsvoll davon aus, daß niemand die räumliche Enge zu Übergriffen welcher Art auch immer ausnutzt, und dies funktioniert ganz sicher, wenn die Menschen auf engstem Raum grundlegenden Respekt voreinander haben, bzw. wenn offiziell geregelt ist, was nicht geht. Muß z.B. das Portemonnaie des Vordermannes daran glauben, so geht das selbstverständlich nicht.

Also ist es wohl ganz normal, daß der Mensch versucht, den räumlichen Abstand zum Nebenmenschen selbst zu bestimmen. In den letzten

Jahren wurden Übergriffigkeiten schlimmen Ausmaßes aus den verschiedensten Bereichen öffentlich gemacht. Es besteht eine riesige Palette von Möglichkeiten, Nähe zu mißbrauchen und den Wunsch nach Abstand zu ignorieren.

Niemand käme auf die Idee, zwischen der Person, der man räumliche Nähe aufdrängt, und der drängelnden Person irgendeine Art von Vertrauensverhältnis zu vermuten. Vielleicht ist es möglich, solche Situationen durch Gewöhnung und ein gewisses Abstumpfen nicht mehr wahrzunehmen. Grundsätzlich ist jedoch festzuhalten: Wir sind so veranlagt, daß wir die Distanz selbst festlegen wollen, was unsere eigene Person betrifft.

Wir wollen uns weder vor einem Drängler auf der Autobahn noch dem in der Supermarktschlange rechtfertigen müssen. Logischerweise wird das nicht per Abstimmung geregelt, vielmehr bekommt derjenige Recht, der den größeren Abstand wünscht. Wir akzeptieren auch, in irgendeiner Form vielleicht selbst zurückgewiesen zu werden, wenn wir jemandem körperlich zu nahe treten, sei es auch aus ganz harmlosem Anlass oder weil wir nicht aufmerksam waren.


So einfach scheint es aber nicht zu sein mit der Nähe und dem Abstand, es ist ein Feld für Konflikte ohne Zahl. Kinder taugen auch hier wieder als gutes Beispiel. Inzwischen sind wir so weit, daß wir Kindern den von ihnen erwünschten Abstand aus gutem Grund gewähren. Während vor ein paar Jahrzehnten Kindern noch Zärtlichkeiten aufgedrängt wurden, lernen sie - in guten Verhältnissen - heute, daß sie ein Recht auf Abstand haben. Das rührt daher, daß körperliche Übergriffe bei Kindern öffentlich gemacht werden. Zur körperlichen Unversehrtheit des Kindes zählt heute auch die Selbstbestimmung über Nähe und Distanz.

Kinder, denen dies nicht ausgetrieben wurde, besitzen innerlich einen hervorragend funktionierenden „Abstandshalter". Sie leben uns außerdem vor, daß ihr Bedürfnis nach körperlichem Abstand nichts mit Sympathie oder Antipathie zu tun hat, wie man vielleicht glauben könnte.

Z.B. freut sich ein Kind vielleicht schon wochenlang auf die Aussicht, seine Großeltern zu besuchen. Es fühlt sich dort wohl und geborgen, und trotzdem zeigt es keinerlei Bedürfnis nach intensiver Nähe. Es kuschelt sich ein wenig heran, wenn es vorgelesen bekommt. Zärtlichkeiten und körperliche enge Nähe duldet es dagegen vielleicht nur mit der Mutter und dem Vater, manchmal auch nur mit einem Elternteil oder auch einer speziellen anderen Person. Das ist normal und gesund, das sollten alle Erwachsenen tunlichst respektieren, und dieses Kind hat gute Aussicht, sich auch später gegen Übergriffe verwahren zu können.

Dieses Regulativ der Kinder ist deshalb bedeutsam, weil es im Prinzip dem „Mit-allem-verbunden-sein", das zu Kindern natürlich gehört, widerspricht. Das heißt mit anderen Worten, Nähe und Distanz sind so bedeutungsvolle und folgenschwere Zustände, daß auch kleine Kinder hier unterscheiden können, wollen und müssen. Und bemerkenswert auch, wie genau und eindeutig Kinder wissen, welche Nähe, welche Distanz für sie richtig ist. Räumliche Distanz ist die einzige Art von Abstand, die kleine Kinder eindeutig signalisieren und fordern können. Das Gespür für die feineren Varianten kommt mit dem Heranwachsen.

Nun könnte man logischerweise folgern, daß erwachsene Personen im Heranwachsen und seelischen Reifen vom Kind zum Erwachsenen ein sehr feines Gespür für räumliche, gefühlsmäßige und insbesondere verbale Distanz entwickelt haben. In der Praxis trifft das nicht zu, ganz im Gegenteil. Man könnte Bücher schreiben über Methoden der Grenzüberschreitung zwischen Erwachsenen, über das häufige Unvermögen, auch nur die allergröbste Abgrenzung einzuhalten. Also kann man folgern, daß der Erwachsene auch hier wie in anderen Bereichen etwas verlernt hat, was für das Kind noch selbstverständlich war.

Über die tieferen Gründe gäbe es viel und aufs vielseitigste nachzudenken. Hier kommt nun wieder die Anrede ins Spiel.

Für jüngere Personen, die das Sie nur noch als seltene und etwas kuriose Absonderlichkeit erleben und das Zusammenleben ansonsten per „Du" regeln, entfällt eine Unterscheidung, eine Möglichkeit zur Distanz, die letztlich irgendwie ersetzt werden muß. Das gewohnheitsmäßige und kollektive Du rückt die Menschen enger aneinander, ob sie das nun wollen, ob sie es überhaupt bemerken oder nicht. Sie erleben einen Abstandshalter nicht mehr, der immer verfügbar war und eine wichtige Funktion hatte.

Im Vorgriff will ich hier folgendes einschieben: Ich habe mich viel unterhalten mit Menschen, die mit den meisten Leuten selbstverständlich per „Du" sind. Ausnahmslos alle betonten, daß das nur gut gehen könne, wenn man das Gegenüber ganz und gar respektiere. Das zeigt schon, daß das Du besondere Voraussetzungen braucht, damit nichts ins Rutschen kommt.

Noch einmal zurück zum Kind: Das Kind, das räumliche Distanz einfordert, muß nichts Schlimmes erlebt haben. Vielleicht und hoffentlich hat ihm nie jemand in irgendeiner Weise körperlich wehgetan und geschadet. Und trotzdem braucht es ganz offensichtlich den Abstand. Es braucht die von ihm selbst gewählte Distanz, um vertrauensvoll in der Welt der Erwachsenen groß zu werden.

Ich bin überzeugt, daß das Sie in unserer Sprache ursprünglich kein alter Zopf, kein Symptom für überlebte Hierarchien, kein Macht- und Herabsetzungsmittel war, sondern daß es in der Erwachsenenwelt das fördern und erhalten soll, was das Kind noch automatisch beherrscht: Abstand halten. Es wird immer schwieriger, heute noch den Begriff des Abstands zu erklären und als Notwendigkeit hochzuhalten, denn vielfach ist auch der Abstand eine verpönte Angelegenheit geworden.

Natürlich steht fest: Der einzelne Mensch in seiner Eigenart hat seine eigenen Werte, seine eigenen Vorstellungen, seine Gewohnheiten. Er ist an einer Stelle abgestumpft, an einer anderen vielleicht hochempfindlich. Doch auch hier gilt es wieder, auffallende gesellschaftliche Strömungen zu betrachten und miteinander in Bezug zu setzen.


Ich will schon im Voraus bemerken, daß gerade bei dem Thema „Nähe und Distanz" Ängste mitspielen. Ängste deshalb, weil Vorstellungen einer Erlösung aus Isolation und Einsamkeit stark mit dem Anspruch verbunden sind, das Du könne uns so verbinden, daß wir vor der Einsamkeit keine Angst mehr haben müssen.

Reinhard K. Sprenger, der dem Kind die Eigenschaft zuordnet, daß seine Welt noch nicht in „Subjekt" und „Objekt" aufgespalten ist, folgert weiter:

„Souverän handelt nur, wer sich aus der Sphäre der Unmittelbarkeit entfernt. Wo es keine Distanzen gibt, gibt es keine Nähe. Wo man nicht schließen kann, kann man nicht öffnen; wo man sich nicht trennen kann, kann man sich nicht begegnen. Darum duzen wir uns heute alle - und bleiben doch Fremde in dieser ach so sozialen Welt."

Ohne hier Klischees zu bedienen, kann man mit Reinhard K. Sprenger festhalten: Geopfert wird in diesem Prozess die Dynamik der sozialen Annäherung. Und hier kommt nun der Begriff des Vertrauens ins Spiel.

Um noch einmal auf die Situation in der überfüllten U-Bahn zurückzukommen: Wer eingequetscht zwischen fremden Menschen stehen muß, ist darauf angewiesen, diesen Menschen zumindest in der allergröbsten Form vertrauen zu können. Vertrauen entwickelt sich grundsätzlich aber eben nicht in der Enge, sondern im weiten, freien Raum zwischen den Menschen. Warum wollen wir diesen Weg und die Dynamik dieser Entwicklung so unbedingt abkürzen, indem wir mit fast jedem Menschen per „Du" eine Verbindung herstellen, die eigentlich durch nichts gerechtfertigt ist?

Gerhard Amendt drückt dieses Bestreben sehr schön aus: Er nennt die Annäherung durch das Du die „Instant-Vertrautheit". Hier bedarf es keiner Dynamik, keiner Bewegung, keiner Sensibilität mehr: Duzen, umrühren, fertig ist das Wohlgefühl. Ich erinnere an sein Motto: „Das Duzen nimmt der Angst den Stachel, aber nicht ihre Wurzel". Das Du suggeriert Vertrauen, Nähe, Wärme, Geselligkeit, Gleichklang der Meinungen, Übereinstimmungen, angepaßt den Bedürfnissen der Personen. Werden diese Bedürfnisse nicht befriedigt, erzeugt das Angst und ein Gefühl der Einsamkeit.

Wo und wie aber wurden diese hehren Werte eigentlich erarbeitet, wenn man bei räumlichem Zusammentreffen sofort auch seelisch sozusagen „aufeinanderprallt" und die engste Anrede bemüht? Die Personen rücken in diesem Prozess ja nicht nur schnellstmöglich dicht aneinander, sie können in Konsequenz zunächst das Wesen, die Art, die wirkliche Individualität des Gegenübers garnicht genau zur Kenntnis nehmen. Das heißt, erst nach der Annäherung und Verbindung per „Du" bemerken sie vielleicht, daß kaum Übereinstimmung besteht. Was dann?

In Zeiten, als es noch ein eher seltenes Ereignis war, wenn man den Chef duzen durfte, gab es abgegriffene Witze des Inhalts, daß der Angestellte, der sich nach der feuchtfröhlichen Betriebsfeier im nüchternen Zustand bewußt wird, daß er mit seinem Chef ja nun per „Du" ist, nicht weiß, wie er zurückrudern oder mit der Peinlichkeit umgehen soll. Hier wird wieder klar, wie stark eine Grenzüberschreitung sich auswirkt. Auch wenn diese Situation heute eher selten sein dürfte, da der Chef das Du oft einfordert und die Peinlichkeit eher darin besteht, daß Sequenzen aus dem betrunkenen Zustand per Video in den sozialen Medien landen.

Ich erwähne dies, weil, ganz am Rande, auch dies ein Indiz für ein beängstigend undistanziertes Miteinander ist.

Vertrauen stellt sich manchmal spontan bei einem blitzartigen ersten Eindruck ein. Doch Vertrauen ist gleichzeitig unendlich vielfältig. Ein Beispiel: Ich kann von einem Menschen den Eindruck gewinnen, daß er mit fremdem Geld vollkommen zuverlässig umgehen wird. Ich würde ihm also, wenn sich die Notwendigkeit ergibt, einen Geldbetrag anvertrauen. Das heißt aber nicht, daß zwischen uns unfassendes Vertrauen und insbesondere Nähe besteht.

Was wir im besten Sinne als Vertrauen zwischen Menschen bezeichnen, kommt nicht so oft vor, wie es uns das dauerstrapazierte Du vormachen will. Ganz im Gegenteil. Wir verbinden uns über das Nähe suggerierende Du mit beliebigen Menschen. Nicht weil zwischen uns Vertrauen besteht, sondern weil wir gleichaltrig, Arbeitskollegen, Mitpatienten sind. Diese Liste läßt sich beliebig verlängern. Ein rein funktionelles Du wird mit der Nähe- und Vertrauenserwartung belastet, die das Du beinhaltet, ob man will oder nicht. Die Enttäuschungen sind vorprogrammiert. Wer Nähe und Vertrauen ersehnt, wird sie mit dem kleinen Wörtchen nicht erwerben können.

Viel ist die Rede von der Erosion der Werte.
Dietrich Bonhoeffer schrieb bereits 1942:
„Wenn wir nicht den Mut haben, wieder ein Gefühl für menschliche Distanzen aufzurichten und darum persönlich zu kämpfen, dann kommen wir in einer Anarchie menschlicher Werte um."
Die Anarchie menschlicher Werte wird heute offen beklagt. Es wäre erfreulich, wenn dieses Zitat von den Menschen ernst genommen würde, die dem Sie- Sager ausgrenzende Absichten, Hierarchiedenken und Überheblichkeit unterstellen.

Personen, die das Sie weitgehend aus dem Zusammenleben entfernt haben, können eine Erfahrung nicht machen, die für Menschen, die dem Sie zugeneigt sind, alltäglich ist:
Es ist vergleichbar dem Vorgang, wenn ein Mensch sich angewöhnt, reichlich Zucker zu konsumieren. Süßigkeiten schmecken ihm dann normal, der Körper verlangt nach hohen Dosen, ein Apfel oder eine Banane können den Appetit auf Zucker nicht befriedigen. Wer mit dem Zucker sparsam umgeht, braucht nicht nur weniger, um sich körperlich wohl zu fühlen, seine Geschmacksnerven reagieren auf Zucker sensibler und machen einen intensiven Zuckergenuß unangenehm.
Ähnlich ist es beim Du. Wer es sparsam dosiert, spürt intensiver, was beim „Du"- Sagen passiert. Er empfindet die Nähe per „Du" intensiv und da-

her oft als unpassend, es ist für seinen Geschmack zu beengend und entspricht nicht seinem Bedürfnis nach einem natürlichen Freiraum. Menschen, die sich an die automatisierte Du-Nähe gewöhnt haben, merken das garnicht mehr und sind erstaunt, verblüfft, schockiert oder auch beleidigt bei der Vorstellung, mit dem Gegenüber per „Sie" sein zu sollen. Dieser wiederum ist weit davon entfern, den „Du"- Sager selbst beurteilen und bewerten zu wollen. Das Verhältnis ist ihm einfach „zu süß", um nicht zu sagen „zu klebrig".

Heute wird den Menschen, die aus gutem Grund beim Sie bleiben wollen, nicht mehr das Recht auf Abstand eingeräumt, das bei räumlichem Abstand selbstverständlich ist. Körperliche Übergriffe werden ganz klar verurteilt, räumliche Distanz ist selbstverständlich. Warum hält man es kaum noch für möglich, daß auch die Distanz durch die Anrede „Sie" dieselbe Berechtigung hat? Daß die Überschreitung dieser Distanz für die Betroffenen sich genauso unangenehm anfühlt? Bzw. insofern anders, als das Du etwas Endgültiges und Folgenschweres an sich hat, weil das Gefühl der Enge, des Bedrängtseins besonders und intensiv ausgeprägt sein kann.

# Die liebe Familie

„Unter jedem Dach ein Ach", sagte der Volksmund früher. Man könnte es so ergänzen: „Unter so manchem Dach ein Ach und Krach".

Grund dafür sind sehr oft die in sich komplett verfilzten Verhältnisse unter den diversen Familienmitgliedern. Familienverbände sind extrem anfällig für Übergriffigkeiten in Form von Einmischung. Eine häufige und typische Variante ist diese:

Das erwachsene Kind einer Familie zieht aus, macht sich selbständig, findet einen Partner. Damit hat es klar gezeigt, daß es sich auf eigene Füße stellt und selbstverantwortete Wege geht. Soweit so einfach und selbstverständlich, sollte man meinen. Der Kontakt zur Herkunftsfamilie kann dabei durchaus herzlich, liebevoll und nah bleiben, es müssen jedoch alle Familienmitglieder auch auf die Überraschung gefaßt sein, daß das „Kind" den Kontakt eher dünn hält, wenn die innere Verbindung z. B. zu den Eltern entsprechend sich entwickelt hat.

Das klingt einfach, entspricht aber selten der gelebten Realität. Denn anstatt zu akzeptieren, daß die erwachsenen Kinder mit ihren Partnern sich aus dem Verbund entfernt haben, um eine eigene Familie zu gründen, gehen die Herkunftsfamilien beider Partner meist davon aus, ein neues Familienmitglied hinzugewonnen zu haben, das nun die zähe Aufgabe auf sich nehmen soll, sich seiner neuen Familie anzupassen, es allen recht zu machen, Gepflogenheiten und Familienbesonderheiten zu berücksichtigen, kurz: Vollwertige neue Familienmitglieder zu werden.

Bedenkt man die Tatsache, daß es niemand genommen ist, freiwillig freundschaftliche Kontakte zur Herkunftsfamilie zu halten oder zu der neuen Familie zu entwickeln - mit der Betonung auf „freiwillig" -, so erscheint der Anspruch, ein neues Familienmitglied werden zu müssen, völlig absurd. Mit der Herkunftsfamilie verbindet das erwachsene Kind Gleichart, gemeinsame Erlebnisse, gemeinsame Erfahrungen, gemeinsames Wachsen. Das erwachsene Kind weiß also genau, womit es in der Herkunftsfamilie zu tun hat.

So erscheint der Anspruch, mit der Schwiegerfamilie müsse nun unbedingt das gleiche möglich sein, abwegig. In Wirklichkeit sind sie sich fremd, bleiben sich vielleicht auch fremd. Das ist keine Katastrophe, sondern eine ganz normale Tatsache. Und auch, wenn der Kontakt zur Schwiegerfamilie ein harmonischer wird, so darf daraus kein Anspruch auf Enge, Nähe und Einmischung herausgelesen werden, auf beiden Seiten.


In der Regel spielt sich folgendes ab: Dem neuen Partner des eigenen erwachsenen Kindes wird freundlich das Du angeboten. Damit soll dieser sich aufgenommen und akzeptiert fühlen. In der

Folge duzt sich die ganze Familie, oft auch Großeltern, Tanten, Onkels etc. Natürlich darf nun niemand mehr ausgeschlossen werden. Als nächstes lernen sich die jeweiligen Eltern kennen und duzen sich, denn nun sind die Kinder zusammengekommen, also gehören auch die Eltern zusammen. Eitel Sonnenschein, möchte man meinen. Alle fühlen sich akzeptiert und in einem neuen Gruppenverband geborgen. Und die beiden Partner, durch die diese Familien zusammenkamen, fühlen sich sicher und von der „Gegenseite" anerkannt. Man ist mit ihrer Wahl auf der ganzen Linie einverstanden.

Die häufigere Variante, die diese Vorgänge zusätzlich kompliziert macht, ist die, daß es meistens mehrere Partner gibt, bis vielleicht eine dauerhaft feste Beziehung eingegangen wird. Jedesmal sollten aber die oben beschriebenen Annäherungen stattfinden, und natürlich per „Du".

Wie auch immer, nach einiger Zeit stellt sich heraus, daß man zwar per „Du" ist, aber der Gleichklang, die Übereinstimmung in der Familie erweisen sich oft als Irrtum. Unzählige Variationen bei diesem Prozess sind möglich. So ist der Partner des eigenen Kindes doch irgendwie „komisch", nicht zur Familie passend. Oder der Einfluß auf das eigene Kind wird als ungut empfunden. Die Besuche finden nicht so regelmäßig statt wie erwartet. Die Mutter ist eifersüchtig auf die Schwiegertochter. Das Heim der Kinder wird selbstverständlich auch als Hort der Eltern und Schwiegereltern betrachtet. Die Kinder erwarten immer noch Hilfe und Dienstleistungen der Eltern, ohne auf einen Gegenwert zu achten. Jeder geht beim anderen selbstverständlich aus und ein, „wir sind ja eine Familie". An Weihnachten spitzen sich die Konflikte zu, denn hier kulminieren die diversen Familienansprüche und kippen manchmal ins Maßlose.

Dann werden Enkelkinder in diese Familien hineingeboren, bei deren Erziehung die Großeltern jederzeit mitreden dürfen. Und wenn das noch nicht reicht, kommt Geld ins Spiel. Und so fort. Und das Schlimmste: Wer immer Lust hat, wird mitreden, mitmischen, miturteilen. Man könnte diese Aufzählung beliebig erweitern. Jeder hat schon solche zähen, unerfreulichen, beschwerenden Erfahrungen gemacht oder miterlebt, die nicht selten die Beziehung des Paares hart belasten.

Ursache dieser Mißstände ist immer wieder der Zwang zur Gruppenbildung, wobei hier die Familie als Gruppe herhalten muß. Daß junge Menschen, die sich neu zusammenfinden oder eine eigene Familie gründen, frei bleiben dürfen von der Vorstellung, zu Familienclans gehören zu müssen, scheint heute noch so ungewöhnlich zu sein wie in früheren Zeiten. Durchbrochen wird dieser Zwang hin und wieder durch radikale Maßnahmen der erwachsenen Kinder, die nur durch konsequente Flucht den Familienverbänden entkommen können. Die Restfamilie erlebt dieses doch eigentlich nachvollziehbare Vorgehen als Katastrophe, als Familienkatastrophe wohlbemerkt. Denn ein anderer Blickwinkel ist unmöglich, verstellt durch Gewohnheitsrechte, Gewohnheitszwänge.

Ungewöhnlich die folgende Vorstellung:

Zwei junge Menschen tun sich zusammen, lernen die jeweiligen Schwiegereltern kennen und bleiben mit diesen beim Sie. Infolgedessen bleiben sie auch mit Großeltern, Tanten, Onkels per „Sie". Man lernt sich allmählich näher kennen. Wie bei anderen Menschen, die man neu kennenlernt, bleibt automatisch ein gewisser Abstand, ein respektabler Freiraum bestehen, der verhindert, daß die jeweiligen Familienmitglieder sich zu nahe rücken.

Zunächst einmal können sich die jungen Leute mit sich und ihrer neuen Situation beschäftigen, ihr eigenes zukünftiges Leben ausloten, erkennen, was sie anstreben und was sie verwirklichen wollen. Die Familien bleiben am Rande, wohlwollende Kontakte entstehen in Freiwilligkeit. Wo die beteiligten Personen in den Familien wenig Übereinstimmung finden, bleibt man freundlich und respektvoll auf Abstand. Es ist nicht nötig, zu erklären, wen man in der Schwiegerfamilie warum mehr oder weniger schätzt. Dies ist unwichtig, da man nicht unter Druck gesetzt wird. Das Sie schenkt den dazu nötigen Freiraum.

Es gilt auch hier wieder: Der Vorgang der Annäherung darf sich entwickeln, wie es sich von selbst ergibt. Es wird kein Vertrauen erzwungen, keine Gruppe herbeikonstruiert. Wer dies erprobt hat, stellt fest: Hier werden Familienmitglieder entweder zu Freunden, oder sie bleiben „Bekannte". Genau das, was abseits der Familie selbstverständlich sein kann. Außerhalb der Familie kann man unwidersprochen selbst frei entscheiden, mit wem man befreundet sein will, wer einem näher steht auf Grund gleicher Interessen, gleicher Art. Man akzeptiert auch, von anderen Personen auf Abstand gehalten zu werden. Immer vorausgesetzt, unsere heutige Duz-Kultur läßt dies noch zu.

Ist es nicht eigentlich eine verrückte Vorstellung, daß all das nicht gestattet sein soll, weil der Partner Familie hat? Was hat man denn mit der Familie zu tun, was verbindet einen? Unter Umständen garnichts. Vielleicht auch viel, aber möglicherweise nur mit einer oder zwei der verwandten Personen. Da, wo in der Familie das freie Spiel von Annäherung und Distanz durch ein aufgezwungenes und quer durch die Familie „verordnetes" Du unmöglich ist, kommt Sand ins Getriebe, es beginnt gewaltig zu knirschen an verschiedenen Stellen, und Dramen großen Ausmaßes können die Folge sein.

Natürlich sind der Ursachen für familiäre Katastrophen viele, doch wohl immer ist es unangemessene Nähe, egal in welcher Form. Die Neigung, sich einzumischen, besteht in manchen Personen unausrottbar. Gehören sie jedoch nicht zu einer fest definierten Du-Gruppe, wie es z.B. die Familie ist, so fallen sie besonders auf. Da die Einmischung sich niemals segensreich auswirkt, kann jeder Beteiligte mit dem Abstand des Sie zur Kenntnis nehmen, was hier abläuft, und sich dagegen verwahren.

Lebt sich die Neigung zur Einmischung, was letztlich eine Form der Indiskretion ist, in der funktional festumrissenen und allseits akzeptierten Du-Gruppe der Familie aus, ist es unendlich schwer bis unmöglich, sich hier abzugrenzen. Aus dem einfachen Grund, weil alle Gruppen- bzw. Familienmitglieder auch hier selbstverständlich mitreden, miturteilen wollen. Also wird das Thema der erwünschten Abgrenzung absurderweise ein besonders beliebtes und heftig diskutiertes Einmischungsszenario.

Dieser unschöne Sachverhalt frißt sich geradezu hinein in das Familiengefüge. Denn dort, wo jemand es wagt, sich ernsthaft von der Gruppe abzusetzen, wird nicht mehr mit dieser Person, sondern über sie geredet. Wer kennt nicht diese Vorgänge in irgendeiner Variation aus eigener Erfahrung oder aus dem näheren Umfeld? Aus dieser Perspektive betrachtet, zeigt sich „die liebe Familie" nicht selten als ein Ort von Unfreiheit, üblem Zwang, Streit und Intrige. Und das alles eigentlich nur, weil man meint, eine Familie rein funktional ordnen zu müssen.

Das zumindest vorläufige Beibehalten des Sie kann hier Wunder wirken. Den unschönen und als selbstverständlich erachteten Gepflogenheiten wird so der Nährboden entzogen. Der Freiraum, die Freiwilligkeit, die ganze Palette an Möglichkeiten, zu erfahren, wie Familie sich organisiert, sich distanziert oder naherückt, kann entspannt und befreit erlebt werden. Denn in Wahrheit organisiert sich nicht Familie, sondern einzelne Individuen finden sich in den genau zu ihnen passenden Verhältnissen von Distanz und Nähe zusammen.

Selbstverständlich ändert das Sie nicht den Charakter von Menschen, die aus ihrem innersten Wesen heraus zu Übergriffigkeit, Einmischerei, Respektlosigkeit neigen, die vielleicht auch zu unsensibel sind, um zu bemerken, was sie anrichten. Aber mit dem voreiligen und verordneten Du erleichtert man ihnen dieses Verhalten enorm.

# Der freie Raum über dem Sie

Wie schon erwähnt, empfinden Menschen, die nicht mehr „Sie" sagen, weil sie sich dies abgewöhnt haben und sich in Du-Gruppen und Du-Beziehungen bewegen, das Sie als Zurückweisung, als harte und kalte Distanz, als formalistisch, altmodisch, befremdlich, ungewöhnlich. Je mehr dieser Begriffe man zusammensammelt, desto eher nähert man sich wieder der Angst. Für diese erwähnten Menschen rührt das Sie an etwas, das ihnen Angst macht.

Es ist nicht leicht, den Kern dieser Angst zu verstehen.

Gerhard Amendt packt das Thema tiefgründig von der politischen Seite an. Ihn beunruhigte Anfang der 90er Jahre die Sorge, daß die „klebrigen Du-Bindungen", wie er sie bezeichnete, das Erinnern betäuben, den klaren Blick zurück in die Geschichte des Nationalsozialismus erschweren durch eine neue „Kuscheligkeit". All dies beschäftigte ihn im Zusammenhang mit dem Phänomen der 68er-Generation, der er die Neigung zu dieser „Kuscheligkeit" attestierte, durch ihre ideologische und praktische Gleichschaltung, obwohl diese 68er- Generation ja den klaren Blick auf die Vergangenheit ursprünglich eingefordert hatte. Er belegt dies anhand vieler interessanter Beispiele.

Kernpunkt für ihn ist hier der Übergang zum kollektiven Du.

Im Drang zur Gruppenbildung sah er eine Erschwernis für politischen Durchblick, eine neue Gefahr der Verführbarkeit, um es vereinfacht auszudrücken, während doch das Gegenteil gefragt ist. Die Verführbarkeit während des Nationalsozialismus kann nur von Menschen aufgedeckt und verstanden werden, die selbst nicht mehr durch die Verlockung, sich Gruppen und Führern anzuschließen, verführbar sind. Denn, wie geschildert, in der Gruppenbildung sieht Gerhard Amendt viele Risiken.

Selbst zunächst ein überzeugter „68er", äußerte er bald deutliche Kritik am Vorgehen seiner Mitstreiter. Er warf ihnen vor, durch verschiedene Maßnahmen wie vor allem das wahllose Duzen, auch durch den neuen Umgang mit Kindern, die ihre Eltern beim Vornamen nannten, und anderes, den Ernst der Ideen zu verraten und durch einen „Kuschelkurs" zu ersetzen, durch Geborgenheit in der Gruppe Gleichgesinnter. Das Einebnen der Unterschiede unter Menschen durch die oben erwähnten Maßnahmen führt nach seiner Überzeugung dazu, dass man Konflikten aus dem Weg geht, anstatt sie zu bearbeiten. Das Verstehen und Aufarbeiten einer schwierigen Vergangenheit verlange aber individuelle Haltung in hohem Maße, was durch das allgemeine Duzen behindert wird. Seine Schlußfolgerung ins Allgemeine geht dahin, dass

das um sich greifende Duzen u.a. als Hintergrund
den Wunsch verbirgt, Konflikte gar nicht erst
wahrzunehmen.

Die Lektüre dieses Buches erscheint mir deshalb
so bemerkenswert, weil fast alles, was er - man
möchte fast sagen: leider - auf den Universitätsbetrieb und die Politik beschränkt, im weiteren
Rahmen des menschlichen Zusammenlebens eben
so zutrifft und zu übertragen ist.

„Das Duzen nimmt der Angst den Stachel, aber
nicht die Wurzel". Diese Angst hängt mit dem
Hang zur Gruppe zusammen. Die Gruppe gewährt
eine Scheinsicherheit, Geborgenheit, Wärme. Daß
Gruppe auch „Gleichschaltung" bedeutet in irgendeiner Form, fällt dabei selten auf.

Hier soll keineswegs die Gruppenbildung per se
verteufelt werden. Wir können uns nur immer
wieder fragen: Wo ist sie sinnvoll und vonnöten,
und wo liegen die Gefahren?

Ein Beispiel: Bewohner, deren Häuser von Hoch-
wasser bedroht sind, ordnen sich in kürzester Zeit
in Gruppen, bilden Ketten, um Sandsäcke weiter-
zugeben, organisieren Notunterkünfte, Verpfle-
gung, jede erdenkliche Form der Hilfe. Hier erweist sich die Fähigkeit und Bereitschaft zur Gruppenbildung nur als segensreich. Der Mensch vermag dies, weil die Gemeinschaft in Situationen
kommen kann, wo dies unabdingbar erforderlich
ist. Wir hören hinterher Berichte von Helfern, die
diese Zusammenarbeit und das Ineinanderwirken

in Gruppen als beglückend eindrucksvoll erlebt haben. Hier stellen sich die gruppenbildenden Personen aber in eine klar umrissene gemeinsame Aufgabe, wo jeder bereit ist, sich einzufügen, das Äußerste zu geben zur Hilfe für alle.

Die Gruppenbildung durch das kollektive Du ist ein gänzlich anderer Vorgang. Hier herrscht nicht eine spezielle Situation, auf die am sinnvollsten und effektivsten durch Gruppen reagiert wird. Das kollektive Du provoziert Gruppenbildung „ohne Not", d.h. ohne einen erkennbaren Zweck. Vielmehr besteht der Zweck in dem Drang hin zur Gruppe. Die Gruppe ist also buchstäblicher „Selbstzweck".

Man könnte es überspitzt so ausdrücken: Würden in einer Gesellschaft die meisten Personen beschließen, sich zur Gruppe zusammenzuschließen, indem alle gelbe Hüte tragen, so wäre der Sachverhalt ganz grundsätzlich kein anderer als beim Bekenntnis zum kollektiven Du. Kern des Anliegens ist, einer oder mehreren Gruppen zuzugehören. Je umfassender, desto besser. Für dieses Ansinnen bietet sich die Anrede „Du" als geradezu ideal an. Hier kann jeder beitreten, egal aus welcher Bevölkerungsschicht, welcher Bildungsschicht, egal welche Interessen er pflegt - unter dem weiten Mantel des Du kann sich jeder verkriechen, geborgen und zugehörig fühlen. Keiner wird zurückgewiesen, keiner bleibt allein.

Natürlich stimmt das so nicht. Mehr Menschen denn je bleiben allein, einsam, unverstanden, ungeborgen. In Wirklichkeit trägt das kollektive Du nicht einen Hauch zur Zufriedenheit bei. Die Du-Gruppen befriedigen den Menschen nicht dauerhaft, fördern sein Bewußtsein von Individualität, von Geliebtwerden in keiner Weise. Wäre dem so, würde unsere Gesellschaft einiger und glücklicher erscheinen.

Ist sie nicht in Wirklichkeit uneiniger und zerrissener denn je? Führt die Distanzlosigkeit, die sich nicht nur, aber eben auch in dem um sich greifenden Du äußert, sogar zu Angst vor dem Fremden? Sitzen wir einfach zu nahe aufeinander, um uns noch sicher zu fühlen? Ist es nicht so, daß sich Gruppenmitglieder eher angegriffen und bedroht fühlen von außen als Menschen, die in erster Linie selbstbewußt und selbstverantwortend für sich stehen, mit einem Freiraum um sich, der es ihnen möglich macht, sich anderen bewußt zuzuwenden? Eine Frage, die, wie ich meine, auch im Zusammenhang mit unserem Umgang mit Fremden gestellt werden könnte.

Und im privaten Bereich, wo schon von der Familie die Rede war: Wo erleichtert das automatisierte Du den Umgang? Werden Animositäten bis hin zur Feindseligkeit durch ein Du verhindert? Es wäre eine lohnende Forschung, dem genauer nachzugehen.

Es bleibt zu betonen: Für eine ganze Generation von Menschen, die das Sie nur noch als kuriosen Ausnahmefall kennen, ist es fast nicht möglich, die Unterschiede zu erleben und zu erkennen. Wer sich dagegen nicht unter den Mantel des kollektiven Du begeben will und das Sie als normale Anrede pflegt, bemerkt die Unterschiede am eigenen Leibe.

Er spürt die stark bindende Wirkung des Du, den Sog in die Nähe oder in die Gruppe, es ist ihm zu eng, ihm fehlt ein Stück Freiraum um sich herum, der es ihm ermöglicht, zu wissen, zu fühlen, zu spüren, was er selber will, unbeeinflußt von Menschen, die ihm gerne „auf den Pelz" rücken möchten.

Das Sie unterbindet keinesfalls Gemeinsamkeiten, ganz im Gegenteil. Daß per „Sie" so lebhafte, interessante, vielfältige Kontakte und Freundschaften möglich sind, liegt daran, daß der freie Raum über dem Sie mehr Bewegungsfreiheit läßt. Da, wo keinerlei Absichten vorherrschen, einer Gruppe beitreten zu wollen oder zu müssen, zeigt sich das Individuum unbelasteter, ich möchte fast sagen, ungefährdeter. Das landläufig noch gepflegte Bonmot, daß man eher „Du Esel" als „Sie Esel" sagt, ist eine Nebenwirkung am Rande.

Wichtiger erscheint mir das Phänomen, daß Menschen per „Sie" sich füreinander interessieren können, ohne sich den Blick durch zu große Nähe zu verstellen. Es ist, als könnte man sein Gegenüber unbelasteter auf sich wirken lassen und auch sich selbst unbelasteter „präsentieren", da das Sie den Abstand zwischen den Personen in der Weise regelt, daß sich die innere und äußere Distanz und Nähe im freien Spiel einpendeln können.

Man darf nicht vergessen, daß es einmal Zeiten gab, als ein vorschnelles Du als plump und anbiedernd empfunden wurde. Im Vergleich dazu empfinden wir die Anrede „Sie" als respektvoll. Ich erinnere an die Personen, die betonten, das Du könne nur funktionieren, wenn man sich absolut respektiert. Wie hier die heute gelebte Praxis aussieht, kann sich jeder selber fragen.

Nicht jeder Mensch, mit dem wir per „Sie" verkehren, ist uns sympathisch. Auch hier sind alle Variationen von starkem Hingezogensein bis zu ebensolchem Abgestoßensein möglich. Der Unterschied zu den Du-Beziehungen besteht darin, daß Sympathie per „Sie" frei wachsen kann, ohne festgelegt und eingezwängt zu sein in Erwartungen. Keine Gruppe hofft auf ein neues Mitglied. Niemand erwartet, um im Bilde zu bleiben, daß man sich einen gelben Hut aufsetzt.

Stellt es sich heraus, daß man von seinem Gegenüber nicht sonderlich angetan ist, und umgekehrt, so erweist sich dies als weniger folgenreich. Sympathie kann per „Sie" ungehindert wachsen, Antipathie wirkt sich neutraler aus. Das Du mit seiner Nähe fordert eher zur Stellungnahme heraus, zur

Kenntnisnahme, zur Beschäftigung. Denn je näher mir ein Mensch gerückt ist, desto schwieriger wird es, ihn auf den Platz zu schieben, der der Beziehung eigentlich gebührt, desto schwerer ist es auch, im Ernstfall einen Menschen zu ignorieren, was manchmal die friedlichste und vernünftigste Methode ist, sich gegen unangenehme Ambitionen zu wehren.

Für sehr viele Menschen ist es gar nicht mehr vorstellbar, daß man per „Sie" intensive Freundschaften langfristig pflegen kann. Das Sie stört Zuneigung keinesfalls. Es ermöglicht Offenheit, intensives Interesse am Gegenüber, ehrlichen Umgang, konstruktive Gespräche.

 Was anders ist im Vergleich zu den Du-Beziehungen, kann man vielleicht so umschreiben: Es entstehen weniger Ansprüche, weniger feste Vorstellungen und Erwartungen. Je geringer die Distanz ist, desto unangenehmer machen sich störende Faktoren bemerkbar. Je freier der Raum um die Personen, desto gelassener kann man mit diesen Phänomenen umgehen. Sie stören weniger, bedrängen weniger. Es kann jeder so sein, wie er ist, es ist genug Raum vorhanden, um sich zu arrangieren.

Wer den freien Raum, den Respekt, die Bewegungsfreiheit per „Sie" zu schätzen gelernt hat, der bedauert um so mehr, daß die Hinwendung zum kollektiven Du beide Anredeformen völlig entwertet hat.

Das Sie wird gesellschaftlich teilweise schon geächtet und mit schlechten Assoziationen belegt, wie Arroganz, Kälte, Desinteresse, Lieblosigkeit.

Das überstrapazierte Du ist erst recht nichts mehr wert, bezeichnet es doch keine besondere Zugewandtheit, lediglich die Bereitschaft, sich zusammenzuschließen ohne Ziel und Zweck außer dem, die Gruppe oder möglichst nahen Anschluß zu suchen.

Wer hat hier etwas gewonnen?


Ursprünglich bedeutete das Sie Respekt, was das Gegenüber, und Eigenständigkeit, was einen selbst betrifft. So gab es Zeiten, wo der freiwillig gewollte Übergang vom Sie zum Du noch ein einschneidender Schritt war bei der Annäherung zweier Menschen. Ein Schritt, der ernst und bewußt getan wurde, da es vom Du kein Zurück mehr gibt. So gingen auch nur die Personen vom Sie zum Du über, deren Wunsch es war, keinen Schritt mehr zurück zu tun. Geblieben ist merkwürdigerweise ein Hauch dieses Zusammenhanges insofern, als ich die Erfahrung gemacht habe, daß vor allem Frauen sich hin und wieder von dem Du durchaus etwas Wichtiges erhoffen, nämlich ehrliche, erwärmende innere Nähe.

Das Allerwelts-Du von heute erfüllt diesen Wunsch nicht mehr.

# Gleichart und Bindung

Von Loriot gibt es folgende wunderbar beobachtete Szene:

Zwei Ehepaare, die sich einst im Urlaub auf einem Campingplatz kennengelernt hatten und offenbar hin und wieder zusammentreffen, finden sich in einem feinen Restaurant, ebenso fein gekleidet und aufs vornehmste gestimmt, zum gemeinsamen Essen. Einer der Herren ergreift das Glas und regt an, anläßlich des 5-jährigen Kennenlern-Jubiläums zum Du überzugehen.

Dies geschieht auf beeindruckend respektable Weise. Kurz darauf entbrennt zwischen den beiden Herren um den letzten Nachtisch ein hässlicher Streit, im Laufe dessen die Damen noch eine Zeitlang die Contenance wahren, bis auch sie sich mitziehen lassen. Der Abend endet in Trennung und Feindschaft, besiegelt durch wüste gegenseitige Beschimpfungen. Gleich zu Beginn der Auseinandersetzung fallen die vier Herrschaften zurück ins Sie, in dem vergeblichen Versuch, kurz vor der Katastrophe noch so etwas wie Distanz und Würde zu retten.

Was die Szene u.a. so ungemein komisch macht, ist der Kontrast, wie alle Beteiligen mit dem Du jede Beherrschung, alle Vornehmheit fahren lassen und sich als das erweisen, was sie eigentlich sind: Eher grobe, dümmliche, unsensible, unehrliche und äußerst egoistische Zeitgenossen, der eine etwas mehr als der andere, doch keiner ist in der Lage, die eskalierende Situation zu entschärfen.

Abgesehen davon, daß Witze nicht grundsätzlich analysiert werden müssen, steckt in diesem viel Lebenserfahrung und sehr treffende Beobachtung, was Loriot im besonderen auszeichnete.


Was also ist geschehen?

Die Ehepaare, die eigentlich in keiner Weise miteinander harmonieren, die in einer unausgesprochenen Konkurrenz zueinander stehen, die durchaus nicht gut voneinander denken, halten in ihrem beidseitigen Bestreben, als vornehm zu gelten, durch das gegenseitige Sie so viel Distanz, daß man offenbar über die Jahre im sporadischen Umgang leidlich miteinander auskommt. Im Moment, in dem das Sie fällt, fallen auch die Personen, und zwar buchstäblich übereinander her. Von der Dynamik, die hier in Gang kommt, sind sie selbst erschüttert, doch es gibt kein Halten mehr. Dies alles passiert, weil Menschen, die in keiner Weise zusammenpassen, durch das Du Nähe provozieren. Man mag einwenden, daß sie in ihrer ordinären Art sich sehr wohl ähnlich sind, doch das genügt als Beschreibung von Gleichart keineswegs. Wir lernen hier: Wenn Nähe herbeigezwungen wird, kann es sehr schnell richtig knallen.

Es schließt sich die Frage an: Wenn man einmal absieht von dem Du in der Gruppe, dem Du aus Gewohnheit und Tradition, dem funktionalen, unpersönlichen Du, - welches Du hat eigentlich andere und bessere Qualitäten? Welches Du bezeichnet in der Realität tatsächlich bestehende Nähe? Was sind die Voraussetzungen? Um dieser Frage nachzugehen, gilt es noch einmal festzuhalten:

Es ist möglich und sinnvoll, dem Du und dem Sie keinerlei grundsätzliche Bewertung anzuhängen. Daß das heute so schwierig geworden ist, macht es trotzdem nicht unmöglich, diese beiden Anreden als zwei Möglichkeiten zu betrachten, nicht mehr und nicht weniger. Schwierig sind nicht die Anreden, schwierig ist nur die Verwendung.

Ungewöhnlich erscheint vielen Menschen heute die Vorstellung, daß das Du etwas Besonderes ist, das deshalb auch besonderer Voraussetzungen bedarf. Diese Einsicht ist fast vollständig abhanden gekommen. Die Tatsache aber bleibt bestehen, und auch die Wirkung.

Zu Zeiten, als das Sie die zunächst normale Anrede unter Erwachsenen war, konnte man noch bewußt den Prozess der Annäherung erleben, der dann in den Übergang zum Du mündete. Es ist dies nicht nur oder nicht in erster Linie ein Prozess der Annäherung, sondern zunächst ein Prozess, bei dem man feststellt, worin die Gleichart, der Gleichklang mit dem Gegenüber besteht. Dieser

Gleichklang bedarf nicht automatisch des Du, es ist wie erwähnt möglich und erfreulich, intensive Freundschaften per „Sie" zu führen.

Was das Du zusätzlich benötigt in diesem Prozess, ist eine innere Gleichart, die ganz individuell ausgeprägt ist und sich in keinerlei Funktionalität erschöpft.

Keine zwei Menschen sind gleich, doch ihre innere, individuelle Zielrichtung kann in hohem Maße die gleiche sein. Wohlbemerkt, die innere.

Noch einmal zurück zu dem Begriff der „klebrigen Du-Bindungen". Das Du kann in der Tat als starkes Klebemittel eingesetzt werden. Wie beschrieben, soll es überall da seine Haftwirkung entfalten, wo die Beziehungen in enger Form von selbst nicht „halten". Wo Beziehungen auf respektvollem Abstand allerdings ohne diesen Klebstoff bestens auskommen würden.

Bei den Herrschaften, die sich um den Nachtisch streiten, wird die Klebewirkung des Du humoristisch überhöht. Hier funktioniert das Du nicht nur als Klebstoff, sondern es ruft zugleich eine starke „chemische Reaktion" hervor, die die vermeintliche Freundschaft der beiden Ehepaare geradezu explodieren läßt. Loriot läßt den Prozess der plötzlichen erzwungenen Nähe bis zum grandiosen Scheitern derselben in Minutenschnelle ablaufen, zur Erheiterung des Zuschauers, mit einem bitteren Beigeschmack angesichts der offensichtlichen „Wahrheit" in diesem Vorgang.

Es ist also offenbar möglich, per „Sie" auch eine oberflächliche, eigentlich unpersönliche Beziehung so lange aufrechtzuerhalten, bis sie vermutlich an der Langeweile eingeht. Daß hier nichts wirklich zusammenpaßt, ist kein Drama, da Erwartungen zurückgehalten werden. Da nichts künstlich zusammengefügt wird, kann die Beziehung zwischen den Personen sich nach Bedarf organisch auseinanderentwickeln. Der Kontakt der beiden Ehepaare erschöpft sich, soviel läßt sich in den kurzen Minuten erfahren, in Belanglosigkeiten, die niemand weh tun. Das Klebemittel des völlig unpassenden Du ruft dagegen die Katastrophe hervor.

Zurück zu der inneren Gleichart.

Hier will ich noch einmal auf die anfangs geschilderte merkwürdige Hartnäckigkeit zurückkommen, mit der die junge Kommissarin auch nach Jahren Kollegen und Dorfbewohner siezt.

Die Autoren des Drehbuchs setzen hier einen ganz wahrhaftigen Sachverhalt in Szene. Zunächst hat das Sie den Hintergrund, daß die Polizistin ihre Versetzung, das Dorf, die Dorfbewohner als riesige Zumutung betrachtet und ihre Chef-Überlegenheit durchaus zelebriert. Mit diesen Menschen, diesen Zuständen macht sie sich nicht gemein. „Sie" zu sagen ist das Mindeste, was sie tun kann, um ihren abwehrenden Standpunkt eindrucksvoll zu demonstrieren.

Dieser Standpunkt wird aber mehr und mehr aufgeweicht, da Sophie Haas Respekt, Zuneigung, zeitweise so etwas wie ein liebevolles Entgegenkommen erlebt. Um ein Haar ist sie sogar bereit, den Tierarzt des Dorfes zu heiraten. Trotzdem ist ihr das Sie ein unumstößliches Bedürfnis. Warum?

Hier kann man miterleben, daß per „Sie" eine fast unbegrenzte Annäherung möglich ist, die auch zwischen der Kommissarin und den verschiedenen Protagonisten des Dorfes in vielfältigster Weise durchgespielt wird. Es entsteht ein Panoptikum von Kontakten und Zuwendungen aller Art.

Für das Du jedoch fehlt eine entscheidende Voraussetzung: Ein hohes Maß an Gleichart. Sophie ist und bleibt in ihrer Art ganz anders als die Dorfbewohner, so daß es für ein Du - außer mit ihrem Verlobten - keine Grundlage gibt. Das tut den Sympathien - soweit vorhanden - keinen Abbruch. Und mit der einen Person, die sie durchgehend als unangenehm und aufdringlich empfindet, kommt sie mehr oder weniger elegant und manchmal auf sehr komische Weise immer wieder über die Runden – per „Sie". Es muß betont werden, daß ihre Kontakte im Dorf nicht nur dienstlicher Natur sind. Und die Kollegen von der Polizeiwache sind mit allen per „Du", auch ihr Vorgänger auf dem Chefsessel. -

Was muß nun passieren, damit das Du unumgänglich wird?

Immer vorausgesetzt, man mißt der besonderen Art des Du überhaupt noch eine Bedeutung bei, und weiter vorausgesetzt, man erlebt per „Sie" fruchtbare, inspirierende Freundschaften in Freiheit ohne Zwangsverpflichtungen, so wird der Spielraum des Du enger, und man spürt, daß es ganz besonderer Voraussetzungen bedarf.

Diese kann man so beschreiben, daß per „Sie" die fehlende Nähe hinderlich wird, daß der innere Gleichklang so ausgeprägt ist, daß das distanziertere Sie tatsächlich der realen Nähe und damit auch den gemeinsamen Wirkungsmöglichkeiten im Weg steht. Dann wirkt die Nähe per „Du" anregend wie ein Energieschub, verstärkt durch absolutes Vertrauen in den anderen.

So wird das Du eine logische Folge aus stetig gewachsenem Gleichklang und Vertrauen. Und sicher gehen zwei Menschen, die auf dieser Stufe miteinander umgehen, eine gemeinsame Aufgabe an.


Warum aber ist das so?

Der Schlüssel zur Beantwortung dieser Frage ist in dem Umstand zu finden, daß das Sie eine Pluralform, das Du eine Singularform ist. Auch das in früheren Zeiten gebräuchliche „Ihr" ist ein Plural. Die Sprache liefert die besten Informationen, wenn man sie genau abfragt.

Warum also empfinden wir die Pluralform der Anrede als distanzierter als die Singularform?

Vorauszuschicken ist, daß wir auch Menschen, die uns fremd sind, unter Umständen sofort in ihrer Ganzheit wahrnehmen können, dies hängt von dem Grad unseres Wachseins ab. Die Ganzheit unseres Gegenübers bleibt uns also nicht zwangsläufig verborgen, doch unsere Reaktion darauf bleibt zunächst mehr passiv, sofern wir mit dieser Person in der Mehrzahlform verbleiben.

Ich will dies in einem Bild erklären.

Wenn ich mein Gegenüber in einer Mehrzahlform anspreche, so trete ich, bildlich gesprochen, mit verschiedenen Persönlichkeitsanteilen dieses Menschen in Kontakt. Ich sehe sozusagen verschiedene Teile, Anteile, Artanteile dieser Person vor mir. Ich nehme sie vielfältig wahr. Dies ermöglicht mir, in meiner Reaktion Anteile auszuklammern, zu schonen, unberührt zu lassen. Ich lasse mich nur auf die Anteile ein, die uns beide wirklich betreffen.

Die Person z.B., die mich in einem Laden bedient, nehme ich zunächst als Dienstleistende wahr und behandele sie entsprechend, bedanke mich für ihre Hilfe und verlasse sie, ohne mir weiter um sie Gedanken zu machen. Kaufe ich bei dieser Person regelmäßig ein, so nehme ich sie ein Stück „privater" wahr. Ich bemerke vielleicht, daß sie mir sympathisch ist, wie sie gekleidet ist, wie sie mit den Kunden umgeht. Es kann auch sein, daß wir im Laufe der Zeit dazu übergehen, ein paar Worte zu wechseln, uns ein Stück weit vielleicht sogar privat auszutauschen.

Da wir aber per „Sie" sind, haben wir jeweils die freie Wahl, welchen Anteil wir wahrnehmen wollen, welcher uns interessiert, welchem wir uns widmen und mit Interesse zuwenden, welchen wir als zu uns passend empfinden und auf welchen wir infolgedessen reagieren wollen. Umgekehrt genauso. Das verstehe ich unter den Persönlichkeitsanteilen. Niemals würde ich diese Person einfach so fragen, ob sie verheiratet ist, wo sie wohnt, ob sie glücklich ist. Denn die Anteile ihrer Persönlichkeit, die mit diesen Umständen zu tun haben, gehen mich nichts an, betreffen mich nicht, unterliegen einer Schamgrenze.

Dieses Beispiel kann man weiterführen. Bleibe ich mit Personen, mit denen mich Freundschaft verbindet, per „Sie", so bleibt auch hier die Möglichkeit, jeweils die Anteile der eigenen Person „anzubieten", die man für passend hält, und am Gegenüber die Anteile aufzugreifen, die ein produktives Miteinander ermöglichen. Per „Sie" bleibt aber immer die Freiheit, etwas für sich zurückzuhalten, was man nicht als absolut passend empfindet im Kontakt mit dieser Person. Dies ist nicht zu verwechseln mit Misstrauen oder irgendwelchen abwehrenden Impulsen. Wenn man es genau bedenkt, schützt und bewahrt man damit auf respektvolle Weise sowohl die eigene Individualität als auch die des Gegenübers.

Unbestritten ist, daß wir, wenn wir aufmerksam sind, unser Gegenüber ganzheitlich wahrnehmen. Der berühmte erste Eindruck, der oft so untrüglich verläuft, wäre sonst nicht möglich. So nehme ich möglicherweise beim ersten Einkauf bereits wahr, daß mein Gegenüber auf mich einen sehr angenehmen Eindruck macht. Dennoch wahre ich angemessene Distanz und überfalle die Person nicht mit Persönlichem. Ebenso könnte ich sonst auf die Idee kommen, einen Menschen, der auf mich unsympathisch wirkt, unvermittelt zu beschimpfen. An diesem Beispiel wird vielleicht deutlich, was gemeint ist. Es geht um die Art und Weise, in Kontakt zu treten.

Per „Sie" trete ich mit bestimmten Anteilen in Kontakt, ich verbinde mich aber nicht zwangsläufig mit der ganzen Person in all ihren Facetten. Unter „In Kontakt treten" ist die ganze Palette zwischenmenschlicher Annäherungsmöglichkeiten gemeint. Es hat dies aber noch nichts zu tun mit dem schwerwiegenden „Sich verbinden" per „Du".

Aus diesem Umstand resultiert auch die Tatsache, daß Beziehungen, die per „Sie" geführt wurden, im Falle einer eintretenden tiefen Disharmonie oft leichter und auf weniger schmerzhafte Weise zu lösen sind. Denn es müssen nur Anteile getrennt werden, andere Anteile können völlig unberührt bleiben, was manchmal die Folge hat, daß man dieser Person nach der Trennung innerlich mehr Gerechtigkeit widerfahren läßt als einer Person, mit der man sich per „Du" verbunden hat."

Der Prozess der Annäherung per „Sie" bietet fast unbegrenzte Möglichkeiten, es ist das bereits erwähnte freie Spiel der Kräfte, das die Beziehung bestimmt. Aus all dem folgert der oft erlebte Eindruck, daß das Sie weniger bindet als das Du. Dies ist nur logisch, denn die Berührungspunkte bleiben frei und variabel. Es bedarf also durchaus keiner starken inneren Bindung, eines sich Aneinanderkettens, um interessante, herzliche, freundschaftliche, fruchtbare Beziehungen zu pflegen. Die innere Bindung wird, bei aller Sympathie, ein gewisses Maß nicht überschreiten, das dem Du vorbehalten bleibt.

Die Singularform des Du bewirkt etwas vollkommen anderes. Hier reagiere ich nicht mehr auf Anteile, hier geht es „ums Ganze".

Per „Du" bieten sich die Menschen in gewisser Weise ungeschützt dar. Das Du bedeutet, daß man auf das Ganze des Menschen reagiert. Verschiedene Anteile, wie oben beschrieben, entfallen, das Verhältnis wird sofort nah, eng, privat. Per „Du" ist es schwierig, eigene Anteile, die man für sich bewahren möchte, herauszuhalten. Es wird schwerer, zu erkennen und zu spüren, was ich mit dem Gegenüber teilen möchte und was nicht. Das Du überschwemmt die sich damit verbindenden Personen, treibt sie aufeinander zu,

überspringt zurückhaltende Abgrenzung, wird über
gangslos „privat".

Hier verbinden sich zwei Personen auf Gedeih und
Verderb. Diese Nähe und Intimität per „Du" ist
eigentlich unumkehrbar, sie erfordert höchstes
Vertrauen und gemeinsame Ziele, einvernehmli-
ches Handeln, und zwar ganz verbindlich. Wo das
gemeinsame, sich ergänzende Handeln wirklich
verbindlich ernst genommen wird, entfaltet die
Du-Verbindung den erwähnten Energieschub.
Wird diese Verbindung gestört, erfordert es große
Regsamkeit und Anstrengung, den ungetrübten
Zustand des Vertrauens wiederherzustellen. Eine
in diesem Sinne eingegangene Du-Verbindung ist
eine ernste Angelegenheit mit größten Chancen
für ein bereicherndes, bewegtes und bewegendes
Miteinander.

Erinnern will ich hier noch einmal an die These
von Gerhard Amendt, dass das Du die Illusion von
Konfliktvermeidung bereithält. Wir sind doch per
„Du", also sind wir uns nahe, also herrscht Har-
monie. Daß gerade das Gegenteil wahrscheinlicher
ist, wirkt sich in der Du - Beziehung aus. Die Anrede „Sie" ermöglicht durch die größere Distanz-
wirkung eher das Abrücken von konfliktträchtigen
Situationen bzw. kann sie zumindest entschärfen
oder, wie schon erwähnt, Abstand oder Trennung
erleichtern.

Wer mit einem Mitmenschen per „Du" sein will, muß sich klarmachen, daß Konflikte, so sie sich einstellen sollten, härter erscheinen, schwerer wiegen, mehr schmerzen. Gehen wir eine Du-Beziehung ein ohne echten Grund, einfach so, dann tun wir so, als hätten wir unser Gegenüber in seiner Ganzheit wahrgenommen und ange-nommen, was zu dieser sehr privaten Anrede führt. In Wirklichkeit täuschen wir uns hier etwas vor, denn in den allermeisten Fällen wird das Du gedankenlos angeboten und gedankenlos ange-nommen.

Dies alles mag exotisch klingen angesichts des inzwischen völlig verwässerten Umgangs mit den Anreden Du und Sie.


Zwei Punkte sind hier einzuwenden.

Wer eine intensive Freundschaft per „Sie" über lange Zeit gepflegt hat, kann in Gedanken einmal durchspielen und spüren, wie es sich anfühlen würde, wenn er mit dieser Person per „Du" wäre. Sofort erlebt er den eindrucksvollen Unterschied, der die wirklich bestehende Wirkung des Du deut-lich macht.

Zum anderen möchte ich, was die heutigen Zu-stände betrifft, noch etwas zu bedenken geben. Wir leben in Zeiten, wo viel Gegensätzliches oder scheinbar Gegensätzliches aufbricht. Zum einen schreitet die Uniformierung fort, die eine schrump-fende Sensibilität als Ursache ebenso wie zur Folge hat. Zum anderen aber versuchen immer mehr Menschen, sich abzusetzen von dem, was alle tun und denken, und zwar, indem sie eine größere Sensibilität für gewisse Phänomene entwickeln. So gibt es Menschen, die keinen Tropfen Alkohol zu sich nehmen. Nicht, weil sie trockene Alkoholiker wären, sondern weil sie die Wirkung von Alkohol auch in kleinsten Mengen als unangemessen wahrnehmen.

Der Körper wird anders als früher besonders beobachtet, vielen Menschen wird es immer wichtiger, sich bewußt zu spüren, z.B. durch besondere Körperarbeit wie Yoga. So gibt es der Beispiele viele, wo Menschen aus dem bisher gepflegten Raster ausscheren, und zwar durch ein wie auch immer geäußertes Anwachsen von Sensibilität. Das zumindest geben sie als Grund für ihre neuen Bedürfnisse an.

Auch die Angewohnheit, unbedenklich das vertraute Du zu vergeben und einzufordern, könnte man in diesem Sinne überdenken. Es gibt Menschen, die zunehmend sensibel, empfindlich auf Nähebekundungen reagieren. Die ein feineres Sensorium sich wieder zugelegt oder dieses nie verloren haben und sich nicht überwinden können, aus Gründen des angeblichen gesellschaftlichen Gleichklangs etwas zu praktizieren, das ihnen zutiefst widerstrebt.

Die erwähnten Beispiele stimmen, und auch wieder nicht. Denn die Sprache ist ein geistiges, tiefes, umfassendes Medium. Auch die Anreden „Du" und „Sie" sind Sprache, weitreichend, gewichtig, bedeutungsvoll und folgenreich in ihrer Wirkung. Die Wirkung entfalten sie, ob sie nachlässig, leichtsinnig oder ernst und bewußt verwendet werden. So zeigt die Anrede ihre Wirkung, egal, ob diese dem Menschen, der sie benutzt, bewußt ist oder nicht. Ist er per „Du" unpassende Bindungen eingegangen, so wird er die Auswirkung vielleicht erst mit großer Verzögerung wahrnehmen, doch die Wirkung besteht die ganze Zeit über.

Zur Erklärung will ich noch einmal zurückkommen auf Gehard Amendt und sein Bonmot des Du als „Instant-Vertrautheit".

Menschen, die sich angewöhnt haben, Fertiggerichte zu sich zu nehmen, Fast Food und zuckerige Getränke, tun dies, weil die Nahrung „besser rutscht". Die Zubereitung kostet wenig Mühe, die Geschmacksnerven reagieren auf die starken Reize, der Zucker tut sein übriges. Im Zuge der Gewöhnung wird von vielen Menschen diese unkomplizierte Art der Nahrungsaufnahme als unverzichtbar empfunden. Der so traktierte Körper hält das mehr oder weniger lange aus, doch irgendwann reagiert er. Alles schwer Verdauliche, das doch vermeintlich „gut rutschte", beginnt nun, Probleme zu bereiten. Der Körper hat sich sehr wohl gemerkt, was alles ihm nicht gut tat.

So ähnlich könnte der Vorgang auch auf der seelischen Ebene sein. All jene per „Du" getätigten

Bindungen, die einmal so angenehm, so unkompliziert „gut rutschten", die „Instant-Vertrautheiten", all die vermeintlichen, scheinbaren Näheverhältnisse, die per „Du" geführt wurden, ohne deren Berechtigung einmal nachzuprüfen, sammeln sich als schwer verdauliche Masse an und wirken auf die Psyche des Menschen ein. Und vielleicht spürt er irgendwann, in wie vielen Bindungen er hängt, die er nie wirklich wollte. Wem dies klar ist, der nimmt unter Umständen auch unangenehme Sanktionen für die Anrede „Sie" in Kauf. Und er hofft auf Zeiten, wo die Wirkung eines Du und eines Sie wieder realistisch eingeschätzt wird.

Achtsamkeit ist ein vielstrapazierter Begriff geworden. Achtsamkeit, d.h. aufmerksames, genaues Wahrnehmen und Beobachten. Achtsamkeit bei der Wahl der Anrede bedeutet ebenfalls ein aufmerksames, genaues Wahrnehmen und Beobachten der Wirkung. Wer achtsam mit dem Du umgeht und das Sie als normale Anrede wieder akzeptiert und anwendet, kann erstaunliche Erfahrungen machen. Ohne die Last der aufgezwungenen Du-Verbindungen kann man sich gut und vor allem: frei fühlen miteinander. Diese Freiheit lohnt es zu verteidigen. Und zum Schluß läuft das Ganze auf Tatsachen, „Weisheiten" hinaus, die schon immer in vielen Variationen beschrieben wurden.

Jeder Mensch ist einmalig, ein Individuum ohne Doppelgänger oder Stellvertreter. Wer dieser Tatsache gerecht werden will, der verantwortet sein Handeln, sein Reden, ganz allein. Für ihn kommt es auf Dauer nicht in Frage, die Ursachen, die Folgen und die Verantwortung für sein Sprechen gesellschaftlichen Konventionen aufzuladen und sich damit freizukaufen oder sich hinter einer „Gruppenzugehörigkeit auf Zeit" zu verstecken. Er weiß, daß diese Vorstellung eine Illusion ist. Und deshalb braucht er die Möglichkeit und die Wahlfreiheit, den Respekt vor dem Gegenüber ebenso wie den eigenen Freiraum mit der Anrede „Sie" für sich selbst zu gewährleisten. Es wäre ein erstrebenswertes Ziel, dies in unserer Gesellschaft wieder als Selbstverständlichkeit zu verankern.